遠野奇談

佐々木喜善【著】
石井正己【編】

河出書房新社

［はじめに］

再び平地人を戦慄せしめよ

柳田国男は東京の自宅で遠野出身の佐々木喜善から話を聞き、明治四十三年（一九一〇）、『遠野物語』を発刊しました。その中には、山や里、家の神をはじめ、山男、山女、天狗、河童といった妖怪や、狼、熊、狐などの動物が登場する不可思議な話が数多く含まれます。序文には、「之を語りて平地人を戦慄せしめよ」とありますが、こうした話に戦慄したのは、他ならぬ柳田自身だったにちがいありません。

その後、作家を目指していた佐々木は自身の健康と家庭の事情から遠野に帰ることを余儀なくされ、柳田の感化を受けながら、ザシキワラシやオシラサマ、昔話の資料を集めます。特に昔話の収集に力を入れ、大正十一年（一九二二）の『江刺郡昔話』や昭和二年（一九二七）の『老媼夜譚』をはじめとする昔話集を残しました。そうした功績を讃えて、金田一京助は「日本のグリム」と呼んだと言われています。

一方、昭和六年（一九三一）の『聴耳草紙』に明らかなように、柳田との対立は次第に深くなりますが、柳田によって民俗学が確立すると、早く亡くなった佐々木の業績は埋もれてしまいます。しかし、改めて見てゆくと、その中には、柳田を越えてゆくような先見性さえ内在していることに気がつきます。

そこで、本書には、これまでほとんど光の当てられなかった文章を採録することにしました。それらは、掲載された雑誌を見ることが困難な場合も少なくありませんが、それ以上に、民俗学からの逸脱ゆえに無視されてきたように感じられます。しかし、佐々木の生の声は、こうした文章の中から聞こえるように思われるのです。

この中には『遠野物語』と同じ話もありますが、むしろ、切り捨てられた話の数々が含まれていて、そうしたところに猥雑で豊かな思考がよく表れています。それとともに重要なのは、その視線が民俗学の未来を見つめている点にあります。やや大袈裟な言い方をすれば、この一冊からは、これまでにない民俗学が生まれる可能性さえあると考えられるのです。

二〇〇九年七月

石井正己

遠野奇談

目次

Ⅴ 東北の文化を掘る

Ⅵ 新しい伝説を集める

各章扉版画 大野隆司

凡　例

一、底本には『佐々木喜善全集』（遠野市立博物館）を使用し、初出の本文を参照した。
一、原典にはない小見出しを付けた文章がある。
一、漢字は適宜平仮名に改めて読みやすくした。
一、「疋」を「匹」に、「才」を「歳」にするなど、漢字の表記を統一したところが多い。
一、常用漢字表にない漢字を中心にして、適宜振り仮名を付けた。
一、句読点や『　』「　」を適宜付けた。
一、俵田藤次郎・高橋幸吉『増補改訂版遠野ことば』（私家版）等によって、語注を付けたところがある。
一、現代では差別的な表現を含むが、歴史資料としての価値を考え、そのまま残したところがある。

遠野奇談

I

山の怪異を伝える

山々の追懐

故郷の口碑・遠野三山の伝説

自分が生まれた里、自分が生まれた家の縁側から、朝な夕な眺め望む山々の追懐は、何人の心の底にも潜んでいることである。そんな山々を眺めつつ祖父祖母から聞かせられた、子供心にも不思議な物語ほどながく記憶に残り、初恋の人に対するごときなつかしさをもたらすものは、またとその類を探せない。それで私はその追懐を今語ろうとしているのである。

私の故郷には「御山」と称する山が三つあった。世間ではそれを呼んで、「遠野三山」と言った。即ち早池峰山、六角牛山、石上山のこの三峰のことである。私の家から朝夕眺められるのは、その中の六角牛山である。私はその山について祖父から聞いている譚をしようと思う。

太古に天から三人の美しい姉妹が、隣村附馬牛村の生出、神分という小さな峠の頂上に飛んできた。そして一夜そこに泊まって、「今夜眠っているうちに胸の上に天から蓮華の降りた者は、一番秀麗なる高山の早池峰山に行くことにしよう」と相談をして眠りについた。

その三人の姉妹は、姉をお六、中をお石、末娘をお初といった。そのお初はどうしても一番美しい彼の早池峰の主神になりたいと思っていた。それで夜半から眠ったふりをして、実は眠らずに様子を窺っていた。すると夜半に天からすらすらと一つの蓮華が降りてきて、長姉のお六の胸に静かに乗った。お初はそれを見て、静かに姉の名を呼んで注意をしたが、姉どもは長の旅の疲労で前後不覚に深い眠りに落ちて、目を覚まさなかった。そこでお初は姉のお六の胸から蓮華をそっと取って、自分の胸に乗せて目を瞑った。そして眠ったふりをして夜明けを待っていた。

やがて夜が明けた。二人の姉は目を覚まして、お初の胸の上の蓮華を見て、各々の行くべき山々に別れて行った。即ち長姉は六角牛山へ、中娘は綾織村の石上山へ、そして末娘のお初は希望通りに早池峰山に飛んだというのである。

盗みの神とその霊験談

この三山の新山祭には、郷土の若者たちの乱暴が荒く烈しければ烈しいほど女神が喜ぶというので、随分乱暴をはたらくのが土地の習慣となっている。そのうちでも早池峰神社の祭礼には、乱暴の上に盗みをしてもよいという習俗があるので、ちょうど七月頃の祭礼であるが、その往還に村の梨桃の実から、娘たちまでが大いに荒され盗まれる。けれどもこの祭礼の場合だけは、それに文句を言うことが出来ない。神様の御機嫌がそれによって頗る(すこぶ)よいというからである。

盗みの神としての霊験談にはこういうことがあった。この村の百姓が苗時に自家の苗が不作だったので、夜窃(ひそ)かに隣村に行って、苗代から幾何(いくら)かの苗を盗んできて田植えをした。それは早池峰山の氏子なるゆえに、多少の盗みをしてもよいことになっていたからである。ところが、その特権が他村の別の神様の氏子には適用出来なかった。盗まれた家では非常に怒って、代官所に訴願に及んだ。「何よりの証拠は、私の所の苗代の苗は糯(もち)である。収穫秋の稲の穂を見て是非を定めよう」と言うのであった。代官所でも、「それは一番よい証拠である」と言うので、訴願の是非は秋の稲穂で定めることにして、時を待っていた。

盗んだ男は糯苗とは知らなかった。これを産土神(うぶすながみ)の早池峰の女神に祈った。「どうぞ是が非でも私に勝たしてくだされ」と。ところが秋になって穂が出て、見るとそれは稲田一面に粳(うるち)の穂であった。これほどこの神は盗みには加護されたという伝説がある。

三人の旅の女神の話

この早池峰山に関して、また別の譚がある。それはこうである。江刺郡福岡村字口内、古川口という所に、麓山という所がある。太古ここにどこからか姉妹三人の女神が飛んできた。長姉は、「私はここに居よう」とて、そこの麓山の神となった。二番目の娘は、「向こうへ行ったら、きっとここより良い所があるだろう」とて、居所を探ね歩き和賀郡谷内村、田瀬の砥森山に登って、そこの神となった。三番目の娘は、「まだまだ向こうへ行ってみたら、もっと必ず良い所があるだろう」と言って、旅を続けて行った。そして遂に早池峰の霊山に登って、そこの女神となった。

これで見ても、一番末の娘の利潑な気性が知れて面白い。だから盗みの神にもなったのであると思う。

胡四王神社の話

稗貫郡八重畑村に「呼石」という所がある。昔ここにどこからか三人連れの若い娘どもが来て泊まった。実はそれは神であった。娘どもは、明朝一番早く目が覚めた者が一番の名山早池峰山へ飛び行くことを約束して寝た。ところが一番末娘は猾くて終夜眠らずにいて、夜半に起き上がっていきなり早池峰山へ飛んで行った。

次に目を覚ましたのは中娘であったが、見れば妹が既に早池峰山へ飛び行った後であったので、あきらめて湯本村の麓山の権現山へ飛んで行った。一番末に目を覚ました大姉は、二人の妹らがそこに居らぬので、「妹たちよ、妹たちよ」と大きな石の上に上がって呼んだ。この丘を「呼石」という所以である。

姉娘は既に妹たちがそれぞれに良い山々へ飛んで行ったのに気がついて、失望して、近くの大森山と小森山とを積み重ねて、彼の早池峰山よりも高くして、そこに住もうとして、盛んに石を積み重ね始めたが、その中途で夜明けの鶏が鳴いたので、そこで術が尽きて、小山田村の胡四王山へ飛んだ。

その時小脇に御初穂箱を抱いていたが、その重さに堪えかねて、途中の松の樹の枝に下りて憩んだ。その時思わず箱を取り落して、田の中に沈めてしまった。その田は今の御初穂田である。こうして大姉は胡四王山の神となった。

この神は「呼石」の地が恋しくて、いつもそちらを眺めるために、神社は北向きに建てられている。また早池峰山の方をも始終眺められるように。

御初穂田は今でも一切肥料はしない。その田から穫った米は年々胡四王様の御初穂餅を搗いてお供えする常例である。

御鍋ヶ田

またこういう伝説もある。坂上田村麿東夷征伐の時（延暦二十年〈八〇一〉）、奥州に国津神の後胤の玉山立烏帽子姫という女神があった。極めて美貌であったので、夷の酋長大岳丸というのが種々の手段で言い寄ったけれども、姫は少しも応じなかった。

この時に当たって田村麿は勅使を奉じて東北の地に下ってこられた。そして立烏帽子姫の案内で、よく蝦夷を討伐し、その頭領大岳丸を岩手山で討ち取った。それから立烏帽子姫と夫婦の契りを結んで、一男一女を生んだ。その名を田村義道、松林姫といった。義道は奥羽安倍氏の祖先である。

松林姫は弘仁年間（八一〇～八二四）に三女を生んだ。お石、お初、お六といった。三人は各離れた所に居たが、牛や馬に乗って寄り集まった所が今の附馬牛村であった。

お石は守護神、速佐須良姫命の御霊代を奉じて石上山に登った（淳和朝、天長年間〈八二四～八三四〉）。お六は速秋津姫命を奉じて六角牛山に登った。お初は瀬織津姫命を奉じて早池峰に登った。この三人の女神たちの別れた所は今の附馬牛村の神分神社の所であった。

三人の姉妹の母、松林姫は娘たちを生んで、その御子たちを洗った所は今の上郷村（上閉伊郡）来内という所の「御鍋ヶ田」という田であった。ここは肥料はせず、この松林姫を祀った伊豆権現神社の御初穂田である。

田村麿は守護神なる顕国御魂の神、日本武尊の御霊代を奉じて岩手山に直り、本社外一百一社の末社を作った。玉山立烏帽子姫は三稲津姫命の御霊代を奉じて於姫ヶ岳に登って神となった。なお好地村松林寺、内川目村字樋口、宮守村塚沢の各地蔵尊は松林姫を祀ったものだという伝説もある。

仙人峠の不思議

仙人峠という山道の話

　この度は仙人峠という山道の話をいたします。この山は岩手県遠野郷の南東の端境(はざかい)になっていて、東の方には、むかしある神様の三人の娘たちのうちの一番上の姉であったという六角牛山(ろっこうしさん)や、額頭(ひたいがしら)に大きな松の木の生えた白い鹿であったという肩羽山(かたばさん)や、その白鹿(びゃくろく)を打つために、ハタヤノヌイという狩人(またぎ)が千日千夜立て籠もったという千磐ヶ岳(せんばがたけ)や、また南方には気仙(けせん)郡の愛染、五葉、土倉、鍋倉、箱根などという諸山の間にはさまった、窪地ながら海抜三千尺に近い深林山があります。そうしてその位置は、東北本線の岩手県花巻駅から分かれて行く、岩手軽便鉄道の終点の仙人峠というので下りて、直ちに登りにかかるのがそれで、この山を越すと、先年労働運動問題で大騒ぎをした彼の鉄鉱山の釜石港へ行くべき、釜石軽便鉄道の起点地大橋駅の低地となるのであります。こういうふうにこの山の西と東の両方の麓までは、がっちりとそれぞれ汽車が来ているのでありますが、それから先は行けないので、どうしてもこの山中を通る人は、誰でも徒歩(かち)かまたは籠(かご)で越さなければなりません。

小屋を訪ねた奇怪な老翁（おきな）

往時（むかし）はこの山にはひどく猿がいたもので、旅人をばかにしてよく土塊（つちくれ）や砂利などを投げつけたりしたものでした。そしてまた折々山中で不思議な老人などに出会（でくわ）すので、誰言うとなく仙人峠という名前が起こったということであります。その老人即ち仙人の話を、一二致しましょう。

先年からこの峠の頂上の、仙人神の祠（ほこら）のあるところに一軒を構えて、旅人にお茶などを出しているという五十歳前後の夫婦の者があります。この人は元は遠野町の者で、釜石の鉱山が盛んになるに連れ、この峠路の往来が繁（しげ）くなるのを見込んで、ここに移住したものであります。その当時（明治三十年前後頃か）夜になると、毎夜のように狼が襲うてきて屋根に上り、屋根板を鋭い爪（つめ）でがりがり掻き鳴らしながら吠え立てるので、怖（おそ）ろしくてとても居た堪（たま）らず、後には鉄砲を一挺（いっちょう）と、たくましい猟犬を家に置くようになったのです。

ある冬の非常に雪の降る夜（ばん）、その犬が何か異常な恐怖に襲われたもののように、悲鳴のような声をして頻りにヒンヒン鳴くので、また狼でも来たのだろうと思って主人は起き上がり、用意の鉄砲を持って、入口の雨戸を細目に開けて外を窺（うかが）うたが、外にはただ雪がしんしんと降っているばかりで、別段変わった物音もありませんでした。けれども犬だけは一層悲鳴をあげて、尾を両膝の間に挟み入れてすくみ上がっているので、主人は、これはいよいよ変だと思って、思いきって雨戸をがらりと開けて鉄砲を突き出しました。

　ところが外に、戸口からものの一間も隔たったところに、一人の老翁が立っているのが、雪の降る縞の中にぼんやりと見えていました。それは小丈な何だか蓑でも着たような風態で、手には一丈（約三メートル）ばかりもあろうと思われる先の妙に曲がった杖をついて、眼ばかりを爛々と光らし、白い鬚が胸のあたりまで垂れ下がった人でした。主人ははッと思うと、思わず先刻狙いを構えた姿勢のまま、五体が麻痺れてだんだんとちぢかんでしまいました。そうしてとうとう後方にどんと倒れて前後不覚になったが、家内の者に呼び起こされてやっと気がついた時には、もうその奇怪な老翁はもちろんその辺には居なかったということであります。主人はそれはこの山の主の仙人様だったろうと、今でも人ごとに物々しく語っております。

　昔から、その不思議な倭体白鬚の老翁がいて、時々旅人の目にも触れたものと見えて、頂上の仙人堂の壁板の落書のうちにも、夜九時頃山中にて不思議な白髪の老人に逢うなどと書いてあったと言います。最も新しい分では、大正五年の春、釜石鉱山の役員らがこの峠の仙人堂の前で山見物を催したことがあります。そうしてとにかくその日は一日の歓を尽くして、午後になっていよいよ山を下ろうとする時、記念の写真を撮ることになり、仙人堂を背景として一同整列しましたが、そのうちに彼の掛茶屋の主人も、仙人山の主宰者といった格でその中に加わりました。そうして写真が出来上がって見ると、掛茶屋の主人の背後に、奇怪な人物が一人余計に映写されておるのです。それは、やっぱり小丈白鬚の変てこな杖を持った老翁で、さきに主人が雪降りの夜に見たものと寸分違っていないものだったと言います。その写真は今でも主人が大切にしてしまっておきますが、話がそこに至ると誰にでもきっと取り出して見せずにはおかぬというものだそうです。

肩羽権現の使者を騙る旅の行者

この掛茶屋の主人のことをもう一二お話ししましょう。この人が山へ上がった当時は、夜半にしばしば泥棒に入られて困ったということです。それはみな山下の鉱山を追放されるか逃亡する連中で、念の入った者になると、どこから出したのか抜刀などを提げて入り込み、きまったおどかし文句を並べながら、大飯を食い、そうして銭箱の底を叩いて昼間の売溜金を尽く掻き攫って、悠々と出て行くのですが、たまには、こういう鉱夫に限って、常陸の炭鉱とか夕張とか小坂とかいう方面から、盗坊しただけの金高を為替で送り返してくる人もあるということであります。

「彼奴(あいつ)らは好きこのんで泥棒をするのではありません。生命(いのち)にはどんな手段(てだて)でも替えられなくてそんなことをするのです。掻き渫ったまま音も便りもせぬ奴は旅芸人、薬売り、行商人や行者などで、そのうちにも一番質(たち)の悪いのは行者と孤児院の院長というような人間どもです。だが今ではそんなことは、もうこっちも慣れっこになってしまって、どんな者にもびくともしやしません」とはその主人の感慨であります。

主人の話に、……ある夜半に旅の行者が不意に闖入(ちんにゅう)してきました。そして、「俺(おれ)はむこうの肩羽山の肩羽権現の使者だが、今度権現には、この仙人山に移りたいとの仰せ出(い)でなので、ついそこまで飛んで来ておられるから、主人、お前がお迎えに出ろ。もし我輩の語(ことば)を疑い、そむくようなことがあったら、神罰立ち処に汝(なんじ)に覿面(てきめん)せん！」とひどく大きな声で呶鳴(どな)り立てました。その面魂(つらだましい)を見ると、目癖があって鬚武者で、いかにも悪者のような奴ですが、ここで弱味を見せたら、どんなことをするか知れないと思ったから、主人はこう言ったそうです。

「お前はどこの馬の骨だ！　そんな屁(へ)のようなことを吐(ぬ)かして、わしを出してやってから後で泥棒をしようという量見だろう。そんなことが怖くってこんな山の上に住んでいられるか、この馬鹿野郎！」。

それを聞くと行者は真っ赤になって怒りました。

「これ愚人、身の程も知らぬ馬鹿者めが、肩羽権現の神使に対して無礼極まるその一言、その舌の根の乾かぬうちに、汝を不動の金縛りの法を以て縛りくれん！」と言って両手の指を変に組んだが、ちっともその不動の金縛りがきかなかったので、主人は大笑いをしました。そうするとなおも行者は、「汝！　重々の無礼！」と今度はいよいよいついてきた棒杖を振り上げて主人を撲とうと、じりじりとにじり寄りました。

　それまでそこの踏込の炉傍に蹲っていた彼の猟犬が、主人の顔を見たり、また行者の気勢を見たりしていましたが、とうとう行者が大りきみで杖を振り上げる途端、「ワン！」と一声吠えたかと思うと、いきなり行者の肱に噛み付きました。そこで行者は、「あッ！」と言って、そこにへたばると、犬はそれ見たかと言わぬばかりに、歯牙をむき出して、ううううと唸りながらまた元の処に行って蹲っております。こうなると行者は先刻の権幕はどこへやら、今度は真っ青になってずしずしと後退りに土間を摺り去り、入口のところへやっと這い寄ると、跛馬のように跳ね起きて外へ駆け出しました。そしてどんどんと逃げて行ってしまいました。……こんなことは今でも間々あることだと、主人は大笑いをしているのでした。

殺害された猿廻しの老爺

先年この山中で、猿廻しの老爺が何者にか殺害されたことがありまして、しばらくの間その犯人が分かりませんでした。その老爺はお金をたくさん持っておったためにそうなったということだけは分かって、警察の方ではいろいろと犯人逮捕に苦心していたのだそうです。

するとある日一匹の猿が、釜石口（かまいしぐち）の村に現れて（ある説では警察署に飛び込んで）、種々（いろいろ）な動作挙動をして見せるのでした。が、やっとそれは人殺しの状景（ありさま）だと気がついて、先日殺された老爺の飼い猿だということが分かったのでした。その当時ちょうど三人の嫌疑者が土地の警察署に拘引されてあったので、試みにその猿を取検所（とりしらべしょ）に連れ出してその者どもの顔を見せると、猿はキャッキャッと叫びながらいきなりそのうちの一人の男に飛び付き、引っ掻き廻したので、やっと犯人が分かったというようなエピソードもあります。

髪を振り乱した齢若（としわか）い女

私の友人のKというのが中学の時、釜石の方へ行っての帰るさ、その当時流行した胆試（きもだめ）しの真夜半旅行を、一人でこの山に試みたことがあります。その夜はなんでも朧夜で、山の頂上にさしかかった時には、十二時過ぎであったといいます。頂上より少し西側に下って深林帯の中に入ると、むこうから何だか人間らしいものがさっさと急いで上って来るので、なんとなくくつろいだ心持ちになって下りて行くと、擦れちがったのは髪を振り乱した齢若い女であったそうです。友人は思わずそこに立ちすくむと、その女はにやりと笑って、

「私は逃げて釜石の方へ行く者ですが、あとから追っ手が来るかも知れないから、もしきかれたら私に逢わなかったと言ってください」

という意味のことを言うと、またさっさと何か風呂敷でも飛ぶように路を曲がってたちまち見えなくなったのだそうです。もちろんそれは山女でもなんでもなく、本当に逃げて鉱山の者の処へでも行く村の娘であったことかと今は思いますが、その当時の友人のことを想像すると、やっぱり苦笑に堪えませぬ。

私が去年の夏に、一人でこの山を通りました時にも、釜石の方からやっぱりたった一人の赤い帯をした若い旅の娘さんのような人に逢って、昼間でも、その大胆なのに驚いたほどでした。しかし今日では随分人通りがあって、山は案外賑(にぎ)やかです。

駄賃取りの男と山姥(やまうば)

おしまいに、この峠についての昔話に、ある駄賃取りの男が浜の方から馬三匹に魚荷をつけて通りかかると、矢庭(やにわ)に山姥が現れて、「その魚を食わせろ、もし嫌ならお前を食う

ぞ」と言うので、馬三匹の荷魚をみんな食わしたところが、また「お前を食いたい」と言うので、「まず馬を食え」と言って馬を食わしておいて、その隙(すき)に男は麓の方へ逃げ下りたというような話も残っておるのです。

奥山の天狗ばやし

天狗ナメシの恐怖

先日山から下って来た男の話ですと、「深山（みやま）に行って仕事をしていたり、また泊まったりしていて、一番怖いのが天狗ナメシというものだ」と言っております。もっともこんな話は昔からよく聞くことですが、「それをやるのが大抵真夜半時分（まよなかじぶん）で、最初はどこかあまり遠くないところで、巨木がワリワリと倒れる音がすると、それに続いて五本も十本も倒壊する響きがするのだ」と言います。それが草木も眠るという刻限ですから、恐ろしく四辺（あたり）の山谷に響き渡り、実際物凄（ものすご）いものだそうです。天狗どもがそんなことをやるのだと、人々は信じております。

その男の話ですと、「俺が最初にそれに出会（でつくわ）したのは、小友（おとも）村（上閉伊（かみへい）郡）の外山であった。それから今は小国（おぐに）村（下閉伊郡）の白見山（しろみやま）の麓にいるが、時々それに驚かされる。何が怖（おそ）ろしいと言ったって、別段取って食われるというようなことではないが、もしもあの木の倒れるところに運悪く出会そうなものなら、生命（いのち）が幾何（いくら）あったって堪らないと思うからだ。天狗の仕事か何か知らぬが、実際深山には所々に巨樹が倒れている。それはあまり古くなって幹胴が永年のうちに朽ちてそうなるのだろう。上皮はどれもこれも皆一様に寄生植物や青苔が生いかぶさっているから、そんなことの見分けがつかない。そんな奴は暴風雨の時にばかりでは無く、どんよりとした静かな夜などにも倒れる。もしそんな樹木の下にでも行って泊まり合わせたら、それこそ百年目だ。しかしその天狗ナメシのあった近くには、きっと天気が損じることだけは慥かだ」。

これはその男の話ばかりではなく、誰でも深山に入った者はよく目撃することでありま す。実際今の先倒れたかと思うような、まだ葉っぱも活々として萎れない物に出会うことが、私たちにもあります。天狗ナメシの本来はこんなことかも知れませぬが、またそうばかり言われぬ節もあります。見ぬ聞かぬ者に話しても、変に薄笑いされるぐらいが関の山でありましょうが、現に私なども先年天狗囃子というのを聞いたことがあります。

それは秋よってからでありましたが、私の村から小国村へ越えて行く立丸峠という山の上でした。私たちがそこに通りかかった時、峠の頂上から尾根続きの、つい向こうの草山の頂だと思う個所あたりで、ドロン、ドロンと大太鼓や小太鼓などを叩いているような音がするのです。それはいかにも踊り神楽でもやっているような調子で、どう考えても遠雷その他の天然自然な音とは受け取れなかったのであります。この峠では時々そういう囃子の音を聞くのだといいます。

幸助と岩の上の大男

これから少々天狗の話を致します。私の村に羽戸(はねと)という家があり、其家(そこ)の幸助という主人は私の家の祖父とは竹馬の友でありました。この人の晩年は真(まこと)に不幸で惨(いたま)しい最期を遂げましたが、壮年の頃は家柄から村中に権力(はば)も利けて、極めて無法者で、鉞(まさかり)で草を苅(か)り、鎌で土を掘ったり、それは乱暴な真似(まね)ばかりしていたのだそうです。

ある時幸助が早池峰山(はやちねさん)に登る際、「その前山の薬師岳(やくしだけ)というに、天狗が住んでいるので、昔から誰もかけた者がないそうだ」と同者連れが言うと、この幸助は、「何、天狗の奴がいる？　そんだら俺(おれ)が行って見る」と言って、連れが止めるのもきかずに、ずんずんと山中に深く入って行ってしまいました。皆もこの男のふだんの振舞をよく知っているものだから、「自分がその気ならどうなろうと知らぬだ」といった調子で、打棄(うっちゃ)っておいたということです。

ところが同行者がお山をかけおろして来ると、カラノボウという山の所に、その幸助が何だか物につまされたような態(かたち)で、うろうろしておりました。「何だ、お前はここにおったのか、どうした」と、皆に問い糺(ただ)されると、幸助はやっと目が覚めたというような顔を

して、

「いやはや驚いた。皆が止めてくれるのも聞かずに、あの山にずんずん深入りし、ジダケや熊笹（くまざさ）などを押し分け踏み分けて、やっと頂上まで登って行くと、そこに大きな岩があって、岩の上に大男が三人おった。前には沢山の金銀をぴかぴかと拡（ひろ）げて弄（いじ）り廻（まわ）しておった。俺が近寄ると、気色ばんで振り返って見たが、その眼の恐ろしかったことったらない。『俺は、早池峰をかけに来たが、途（みち）を迷うてここに来た』と言うと、そのうちの一人が、『そんだらば送ってやる。以来二度とここに来るな。目を塞げ！』と言う。俺は何もかにも其男（それ）の言うなりになっていると、俺はどんと肩に担ぎ上げられて、どこへか持ち搬（はこ）ばれるような様子だった。そうしてたった今の先刻（さっき）、ここにまたどんと下ろされて、『よし、目を開け、お前の同行（つれ）が今に来る』と言ったかと思うと、たちまちその男は踵（きびす）を返して山の中に入ってしまった。ほんとにたったの今のことだった」と言う。

「それ見ろ」と言って、皆に戒められて、幸助は村まで無事に連れ帰られたということであります。これは今から四十年ほども以前の話だろうと思います。

祖父が出会った天狗

私の祖父という人は、一つの信仰というよりは山道楽であって、その早池峰山にも三十幾回も登ったということを言う人でした。「いつも一人で行って、一人で山中に泊まる。夜更ければ山には何もおらぬが、ただ徹夜啼く谷々の駒鳥と、どこから来るものか鼠だけがいる」と言いました。「何も別段怖ろしくは無いが、ただ天狗が恐ろしい。俺が寝ていることを知らずにのそのそやって来て、もしビチョリと踏みつけられたら最後だからな」と言って、それから私の問い糺しに、こんな話を言って聞かせるのでした。

「ある時、お山をかけに行って、山に泊まっていた。何しろ非常に疲れているものだから、初夜のうちぐっすりと眠込んでしまうと、何だかがやがやと話し声がするようでふと目を覚ました。ひょっと見ると、二三間ほど離れた大岩の蔭に、どんどん焚き火をして大男どもが三人ばかり何か大声で話している。よく見るとそれがいずれも赤顔の鼻高の連中である。はははあれかと思うと、怖くなってがたがたと顫えておった。ところが向こうでは、『ああ酒を飲みたくなった。おい誰か里辺へ下がって買って来ぬか、われ行け、汝行け』で埒が明かず、とうとう天狗どもは籤引きを始めて、当たった奴はぐずぐずしていたが、『じゃ仕方がないから行って来よう、どれ銭は』と言うと、親方らしい奴が懐中からヒカリ銭（二文銭）一枚取り出して渡した。銭を貰った男がたちまち身を翻してどこへか去ったが、ものの偽言を言うんだら、ほんに煙草を二服とも喫まぬ間に、二斗樽を引っ担いで来て、どしんとそこに置いた。『何々屋ではもう皆寝やがっておったが、叩き起こして買うて来た』と言う。それから酒を飲み始めて、変な調子の唄を歌ったり、踊ったり跳ねたりして、夜の白々と明け際にどこへか立ち去った。

天狗どもがどこへか立ち去ったあとで、やっと人心がついたが、あまりの不思議さに、自分もそのままそこを立ち、村に帰り、何々屋という酒屋に駆けつけて、『昨夜これこれの刻限に大男が酒買いに来なかったか、どうだ、二斗樽を渡さぬか』と訊くと、『いかにもそのとおりだった』と酒屋でも言う。それから銭のことも話したところ、『これもいかさまそれだけの酒の代価はどこにも入っておらぬ。ただたった一枚のヒカリ銭があった』と言った」と話しました。

私は、「それはお祖父さんが出会したことか」と訊くと、「否そうじゃない」と笑いましたが、「場所はやっぱり早池峰山のうちのどこかだ」と言うことでした。しかしその異人らが酒買いに何方の里辺へ下がったとて、険阻な山路、四五里はありますのに、煙草を二三服の間にそこを往復したとは驚き入った話であります。

菊蔵と二人の大男

天狗の話をし出したら実際際限がありませんが、もう一二をお話しいたしましょう。

私の親類の者で、近くに菊蔵という男があります。この人の妻女が山を越した橋野村という所から来ておりますが、先年糸蔵という子供が大病で、妻女の里の方にも知らせなけりゃ悪いと思ったので、午過(ひるす)ぎ時分(じぶん)家を出かけ、六角牛山(ろっこうしさん)の嶺続(みねつづ)きの死助峠(しすけとうげ)という所にさしかかった時には、もう日暮れ方だったたといいます。菊蔵は場合が場合だったのでいい気持ちがせず、とやかくと不吉なことばかりを思い煩いつつ、急いで峠を越え切ろうとする時、向こうの萱山(かややま)の方から一人の大男がワリワリと駆けて来て、横合いの岩の上から、「お前の子が今死んだ！　どこへ行けや？」と呶鳴(どな)るように言いました。菊蔵ははッと思うと、そこにそのまま立ち縮(すく)んでしまいましたが、気を取り直して岩の上を見ると、もうその男はいなかったといいます。

「どんな風態だった」と私が訊きますと、「何しろ大男だったが、始めはあの人は何しにああ駆けて来るのだろうと思って見ていた。岩の上にノッキリと立ったのを見ると、顔は赤く眼がぎらぎらと光っていた。なんでも風呂敷のような物をかぶっていた」。「鼻は？　鼻はどうであったか」と訊くと、「さあ高かったかな、何しろ気が転倒していたものだから」と彼は言います。もちろんそれから菊蔵がすぐ家に引き返して来て見ると、息子は疾(と)うに息を引き取っていたといいます。

話を前の早池峰山に戻しますが、この山の東北向きに阿倍ヶ城という岩窟があるといいます。天狗が棲んでいるともいい、また阿倍貞任の母が住んでいるともいいます。険阻な岩崖の中程にあって、とても人間などの行き得る場所ではないそうであって、今でも雨が降りそうな夕方など、岩窟の扉を鎖す音がするといいます。小国村附馬牛村辺の人々は、「阿倍ヶ城の扉がしまる音がするから、明日は雨だぞ」と言うそうですが、全くその音がすると、翌日は大風雨がやって来るといいます。

天狗森

松崎村字松崎の背後に、天狗森といってそう高くも無い山があります。昔からこの山には天狗がいると言われている所です。その麓の桑畠で、村の某という若者が働いていましたが、どうも奇体に眠くて堪らず、暫く畠の畔に腰掛けて居眠りしようとすると、林の中にひどく大きな男が突っ立ってじっとこちらを見ているのでした。その大男は顔が真っ赤で眼が光り、気味が悪かったのですが、若者は気軽な性分でもあり、また平生力自慢で村の田の草相撲などにも出ている者であったから、少しからかってやろうと思いました。

それよりもその赤顔の大男が、上から見下ろすような態度が面憎かったので、「おい、お前はどこから来た」と見上げると、むこうは返辞もせなんだので、こやつ一つ突き飛ばしてやろうと思って、飛びかかり手を掛けたと思うと、却って自分の方が蹴飛ばされ、気を失ってしまいました。

そんなことのあった年の秋、早池峰の腰に村人大勢と共に、この若者も馬を曳いて萩採りに行きました。さて帰ろうとする頃になって、どうしたことか、この男の姿が見えないので、一同驚いて方々を尋ね廻ると、深い谷底に手も足も一つ一つ抜き取られて死んでいたということです。この時のことをよく知っている老人どもは話します。今から三十年ばかりも以前のことでしょうか。

芳太郎爺と僧形の者

私の村に芳太郎爺といって、狩猟の名人がありました。二三年前に八十近い齢をしていながら、とても内地の山ではうまい狩猟はだめだと見限りをつけて北海道へ熊狩りに行って、赫熊を数頭殺したという知らせがありましたが、彼地で老病で亡くなりました。この人の種々の話は『遠野物語』という本にも話しておきましたが、壮年の頃、鹿狩りに六角牛山の麓に行って、あちらこちらと駆けずり廻っているうちに日が暮れました。これから小屋がけするのも面倒臭いと思って、大木の下に寄り、形ばかりに魔除けのサンズ縄を、自分と木のめぐりに三囲引き廻してから、鉄砲を楯に抱いて微睡んでおりますと、真夜半頃(ごろ)に、何だかバサリという物音がする。心付けば大きな赤い衣を着た僧形のような者が、自分が倚(よ)り凭(もた)れている巨木の梢から、頭の上に蔽(おお)いかかっていて、バサリバサリと恐ろしい羽叩(はばた)きをするので、芳太郎は思わず火縄を引きました。するとその怪物はまたバサバサと中空をいずこへか飛び還(かえ)ったということです。「この時ばかりは少々怖かった」と、いつもその爺が言うのを、私たちは度々聞いたものです。

幽谷の大桐林

満天の桐の花

私の郷里（岩手県遠野郷）は山国でありますから、深山幽谷に関係した種々（いろいろ）な譚（はなし）の多くあるのは極めて自然で、私も少年（こども）の時分から、早池峰山（はやちねさん）、六角牛山（ろっこうしさん）、白見山（しろみやま）などという山々に縁（まつわ）る真（まこと）に怪異な物語や口碑、あるいは現在の生な新しい話などをどんなに多くしばしば村人から聞かされたことでしたか。この巨桐（おおぎり）の原始林の話なども、最近に村人から聞いた、実にそのうちの一つであります。

それは、大正十年の冬頃、さきの白見山の東南向きの麓、奥山音場（おくやまおとすば）という深林地帯に入って木炭（すみ）焼渡世（やきとせい）をしている一群の人々があって、それらの手によって奇体な巨木どもが毎日毎日伐り倒されてゆきました。何しろこの白見深林地帯というのは実際の原始林なのですから、どれもこれも三抱え四抱え以上の巨木ばかりで、その幹は一様に苔に埋（うず）められ、その上に猿糸（さるかせ）や木の耳、猿の足掛などが生え附いているものですから、葉か花かでも無ければ、何が何木であるか少しも見分けがつかないのであります。

ある日、一人の樵夫が楢だと思って伐った巨木が、どうしたことか斧の刃の立ち工合が違うのでよく見ると、木目などが細かくてよく似てはいるが、全く違った樹なので、皆が寄り集まってよくよく検べて見ると、それは間違いのない桐の木だということが解りました。その木は何でも三抱えもあったといいます。それから樵夫どもは窃かにそれを下げて、五十円ほどに売って酒代にしたというような実話があります。

この白見山の麓の高原などに行って草を刈る者は、桐の若木が所々方々に生えているのを見たり、また現にそれを持って来て植えたりしている村人もあります。この若木は即ち実生であるのですから、必ずそれらの親木がなければならぬはずですが、それは前にも言ったように、満山の樹木が皆老いて苔生しているので、幹や木の肌などではどうしても差別がつかぬのであります。だからその貴重な木材も永久の秘密とざされて、不思議な謎のごとくになり、今では専ら探秘な口碑となって山郷の人々の間に僅かに伝え残されているだけです。そんな譚を私は次に一つ二つ話してゆきましょう。

土淵村字栃内、西内という所にSという狩人の名人がありましたが、その人がある年の春、ハミデキ（山々に小鳥足という草の芽が生え、それが三四寸ほどに伸びたのを食もうとして出る鹿のこと）を打ちに白見山に行き、一匹の鹿を追うて山の奥深く分け入りましたところ、一枚の屏風を立てたような大岩の下に行き当たりました。時に折角追うて来た鹿を見失ったので、四辺（あたり）を見廻っているうちに、岩の間から水が滾々（こんこん）と湧き出（い）で、それを黄金（きん）の樋（とい）を懸けて引き、そこに一挺の金の柄杓（ひしゃく）があったので、それで水を汲んで飲み、さてこの個所はどの辺だろうと思って空を見ると、中空は一体に紫の桐の花であったといいます。しかしその後はどんなに尋ね探したとて、もう二度とそこには行き当たらなかったということであります。

山怪（さんかい）

遠野郷のうち、附馬牛（つきもうし）村字生出（おいで）というところに、昔、万治、万三郎という二人の狩人がありました（あるいは万治、磐司といったともいいます）。だが万治は鉄砲が上手、磐司はどうもあまり上手な狩人ではありませんでした。ある日、オキヤマ（オキを吹いて鹿を呼び打ちにする狩猟（かり））にゆくとて、万治は早池峰山の腰に行きかけると、雪の降り積もる山路の傍らに、一人の美しい女人（おんな）が臥（ふ）しまろびて、今やお産をしかかっておりました。そして万治を見ると、「私は今こんなに苦しんでおりますから、どうぞ私の腰を抱き押してください」と言いました。けれども万治は、「およそ狩人というものは死火（しにび）よりも産火（さんび）を忌むものだによって、どうも汝（そなた）の言うことを聞く訳にはゆかぬ」と言い棄（す）てて、そこを遁（に）げるがように行き過ぎました。

そのあとにその場に行きかかった磐司は、その女人から万治同様のことを言い頼まれましたに、すこしも厭（いや）な顔をせず、女の言うとおりに介抱をしてやると、女人はやっと十二人の児（こども）を産みました。それはただの人ではなく、山の神さんでありました。十二人の児（こ）というのは即ち、十二ヶ月に当てはめた月々の子であります。そこで女人はひどく歓（よろこ）んで磐司に言うには、「これから日本の嶽（たけ）山々を自由にせよ、大いなる山幸を与えよう。いかなる忌火忌血をも私の名を三遍唱えたなら、浄（きよ）く祓（はら）われないということはあるまい。だが彼（か）の万治は憎らしい」と言って呪（のろ）いました。

それからは今まで上手であった万治の鉄砲は少しも当たらなくなり、独り磐司ばかりが山幸を占めるようになったということであります。

磐司がある日、早池峰山の腰の、カラノボウという所に行って小屋がけして泊まっていますと、夜々（よなよな）、二面独眼（ひとつまなこ）一本脚の怪物がやって来て、小屋をのぞいて見てしようがありません。その三日目の夜（ばん）、あまり煩（うる）さいものだから、打ち殺してやろうと思って鉄砲の用意などしていますと、その怪物がまたやって来て、「磐司殿、お前は己（おれ）を今夜打ち殺そうと思っているのだが、そればかりは少々待ってくれ。己は決してお前の思うような、人間に仇（あだ）などをする怪物ではないのだ。実は己は二面大黒というものだが、折り入ってお前の腕を見込んで頼みがある。どうかきいてくれろ」と言うのでありました。

磐司もさすがの名人、快く承知すると、「正直に話すが、実は己はこの山の主になりたいのだ。だがそれには大きな故障があって、どうもなれぬ。それはこの山には三面大黒といって三面独眼一本脚の奴がいる。そやつは毎夜己を追いまくり立てるので、実際己は生きた空がない。あやつがいるうちは何で己がこの山の主となられよう。今夜三面大黒をここに誘き出して来るから、どうぞお前があれを打ってくれ」と言う。

そうして小屋を出ていずこへか行ったと思うと、たちまち山鳴りがしてあたりがぐらめき渡り、ごうごうと地響きがして来たので、磐司も鉄砲の用意をして待ち構えていると、小屋に先刻の二面大黒があわただしく駆け込んで来ました。するとその後から、大嵐を起こしてただ一呑みにと、見るも恐ろしい三面独眼一本脚の怪物が追いかけて来たので、磐司はそれをただ一打ちにと鉄砲を打ち放しました。たしかに手応えがあって、怪物はどっと山鳴りさせて谷底に倒れ墜ちて行った。翌朝血潮のあとをとめて行って見ると、正しく眉間を打たれて仰向けになって死んでおりました。それを見た二面大黒の喜ぶこと限りありません。磐司がもとに多くの鹿どもを寄せ集めて来て打たせ、また己もこぶしで打ち殺してたくさんの獲物を取らせました。そしてなお、「この深沢には一体に巨樹の桐の林がある。それをお前にやろう、お前の一生はその桐を伐り売ったばかりでも富貴に余るだろう」、そう言って磐司をその桐の密林に案内をして行きました。そこを磐司ヶ沢というて、それからは磐司は一生その山の桐を伐り売って富貴となりましたが、彼が一生のうちにはその林の片隅をも伐り終えなかったということであります。

　だが磐司が亡くなった後は、その山は隠されて、誰一人そこに行った者がないといいますが、早池峰山から流れ出る猿ヶ石川には、春五月の頃になると、折々紫の桐の花が流れて来ることがありますから、この山のうちのどこかにその巨桐の原始林が今にあることだろうとは、郷人の信ずることであります。

山奥の長者屋敷

　次には、やはり桐の花と関係のある隠れ里（土地ではマヨイガ）の話をしましょう。

　金沢村（上閉伊郡）の生まれだという若者（二十四五歳ぐらい）が私の家の近所に聟に来ました。それは四五年前のことですが、この若者がどうも生まれつき少々小足りない方なので、私が村に一年ばかり居って離縁され、今では同じ土淵町の中ですが、字が違う所にまた入り聟しております。その男の物語った話。

「己ら家は昔から狩人筋であったのだから、己なども十四五の時から山さ行ってた。祖父も親父も立派な鉄砲を持っていたのし、その鉄砲こそお前様に見せたいほどのものだ（こう言って彼は得意そうに微笑しました）。己まだこちらさ来ねえ時、一人で白見山さ行ったことがあったっけ。そうするとあの南向きのある洞を遠くから眺めて見ると、なんだか霞でもうかむように美しい花こが咲き群がって見えるものだから、可怪しく思ってそれを目的に行って見れば、そこはなんとも言われない洒張とした所で、大きな岩が立っていて、その岩の小穴から綺麗な水が湧いていた。そしてその湧水のほとりに赤く塗った桶があったから、これはこの辺に人の家でもあるべかなと思って、岩をめぐって少しばかり行って見ると、大きな黒い門がありますけ。可怪しく思ってその門から入って行くと、赤い鶏がたくさん遊んでいたり、片方の厩には、青馬（白い馬）だの栗毛だのの馬がいる。そして大きな構えの家があるものだから玄関から上がってみたが、人が誰も居る気振りもない。四辺があまりに立派なものだから家のなかをあっちこっちを歩き廻って見ますとな、赤いもうせんを敷いた座敷があって、そこには唐銅の火鉢に火がおきて鉄瓶が懸かって湯がたぎっていたところもあれば、また客来様もあるものと見えて朱膳朱椀が多勢前揃え並べられてある座敷もありますけ。己はあまり見ていて、その家の人たちになど見付けられたら盗人だべと思われべえと思って、どこかそこを出はって庭さ出ると、前の鶏どもが驚いてそこらを飛び歩くから、己は門から出て此処闇と遁げて来ました。そうするといつの間にかいつも通って知っている路のとこにさ出ていましたっけ。

それから、ひょっとあれは盗棒の棲家ではないかと思ったから、追っ手のかからねえうちにと、一生懸命に走せて人里の方さ還って、そして家さ来てその話をすると、みんなは、『何のことだ。それはマヨイガというて、お前に運を授けるところだったものを、なんたら（なんという）お前はよくよく運のない奴だ。なぜそこから椀か鶏か馬か何でもよい、一つ持って来なかった。なんたらあったら（惜しい）ことをした。さあ今一かえり（もう一度）これからそこに歩べ（行こう）』と言われて、此度は家の人たち村人だの多勢で行って、そこを尋ね探してみたが、どうしても見付からなかった。

『お前はこの辺から、こうして向こうの洞を見た時、その花群が見えたのか』なんて木さ登ったり岩さ上がったりして眺めて見ても、もうそんな山も洞も見えないので、『何トボケてけつかる（素知らぬ振りをしていやがる）。この小馬鹿の話を真にして来たば』と言って皆は笑うし、己もそう言われると夢見たような心持ちだった。あああ真に己ら言い落としたが、その家のある洞の林には一面に桐の花が咲いたり散ったりしていたっけ」とその若者が言いました。極く近頃に聞いた話です。

III

遠野郷の狼を語る

遠野郷の狼物語　その一

狼が姿を消した

今日（こんにち）、よく老人どもはこう言います。

「自分らの若い時分には（若い時分といっても三四十の頃であろう）、あんなに夥（おびただ）しい数の狼群が、山谷といわず、つい村端（むらはず）れの野原などにもいたものだが、それが明治二十年頃からほとんどその姿を見せなくなった。否（いな）全く里辺などにはいないと言ってもよいくらいになった。これはどういう訳であろう」と。

「その当時は村々にも、腕利きの狩人（またぎ）どもがあって、鹿や猪（いのしし）などをばかなり射捕ったものだけれども、狼をばそう好んで射ち殺したということもなかった。もちろん狼はそうやすやすと鉄砲丸（てっぽうだま）を食らわなかったのである。そう、私らの記憶では、年にようよう二三匹ぐらいしかとれなかったものだと思う。それが急に山野からことごとく姿を消したのはまことに不思議なことである。どこへ渡って行ったものであろうか」。

無数の狼群

　私（佐々木）はそれについて、こんな話を思い出す。今年八十ばかりになるが、体が馬のように壮健で、いまだに鉄砲を手から放さない狩人に、佐々木某という老人が村にいる。この人がまだ中年者であった頃であるが、すでに土地のマタギの頭分になっていて、秋のオキヤマ（オキとは角で造えた笛の一種で、雄鹿を呼び寄せる道具。それを吹いて鹿どもを呼び寄せて射つのである。その時期の狩猟を総称してオキヤマというのである）を見廻って夕方、死助という高原へ差しかかって来た。ところが向こうの野裾の方から何百とも知れない無数の狼群がこちらへやって来た。さすが名人の狩人もこれは大きに驚いて、そこに立っている巨木によじ登って息を殺して見ていた。

　その老人が私に話したところによると、

「はじめはただのんのんという足音ばかり聞こえていたが、だんだんそれが近づくのを見ると、恐ろしい数の狼どもでありました。真っ先に一番大きい奴が立って、何かの相図らしく時々四方を眺めて吠えながら先へ先へと進んで行った。俺はこいつらに見付けられるか、見付けられたらもう生命がないものだと、あきらめて木の上にいたが、とうとう俺を見付けなかった。そうして山一杯になって北の方へ行ってしまいました。

　それからというものは、この土地でほとんど一匹の狼も見たことがない。たぶんあの時あいつらはどこかへ渡って行ったものでしょう」。

こう、その老人（としより）はいつも語るのである。

けれどもまた近来ぼつぼつ狼の巣などを見たり、その姿を見たりするということである。

病狼（びょうろう）を打ち殺す

山では狼が一等恐ろしい獣（けだもの）とされているものです。ところに依（よ）ってこれを山の神などと称して、敬して遠ざけているぐらいです。けれどもいくら狼でも平素（ふだん）は極くおとなしくて、偶然（ひょっくり）山路などで人間に逢っても、決して害を及ぼすようなことはないそうです。それが秋寄って、交尾期に入ると往々病がつきます。病というのは気が狂（ちが）うのでして、即ち狂狼となると、人間であれ獣類であれ、見付かり次第に食いついたり、噛み殺すという狂暴状態になるのです。この期節は狼の一番怖い時です。

岩手県遠野という郷土から東海岸の地方へ出るには、いずれへも山中を通ったり峠を越えたりしなければならないが、その一方に和山峠（わやまとうげ）といって、ちょっとした山中の一部落をなした馬継ぎ場があります。その部落のうちのある家で、秋になって山畑に猪が来て荒して仕様がないものだから、鳴子（なるこ）を仕かけて、それを引く縄を窓から家の中に引き入れて、夜の要心にしていました。

ある夜（ばん）、様子をうかがうと、どうやら畑に猪が来て掘り返しているらしいので、家の主人（あるじ）が鳴子の綱を引っぱったが、どうしたのか鳴子がことりとも音しない。これはどうしたことだろうと思って、やけに引っ張ると、やにわに一匹の大狼が窓から飛び込んで来たのでした。

主人もはっと驚いたが、山中に住んでおれば、こんなことぐらいに怖（お）じけていてはとても暮らせぬから、心得たもので、すぐさま自分の着ていた上着をぬいで右の手から腕へぐるぐると巻きつけ、大狼に抱きつくと同時に、一口に食おうと大口を開いて飛びかかって来た狼の口に、その腕をぬっと突っ込みました。

「この畜生！　此奴（こやつ）め！」、そう呶鳴（どな）りながら、狼の咽喉（のど）深くぐいぐいと、なおも力強く一生懸命に腕を突き込むので、さすがの病狼も腹綿（はらわた）まで摑（つか）み出されては堪らず、「おおう、おおう！」と唸（うな）り悶（もだ）えてどうすることも出来なかった。そのうちに家の者ども起き出して来て、打ち殺したということでありました。

狼の巣から子狼を捕る

狼には一番この腕突っ込みの方法がきくといいます。しかしやり損じると大変です。たちまち鋭利な毒牙（どくが）で二の腕を嚙（か）み取られ、歯牙の間からほとばしる毒液が血管に滲入（しんにゅう）すると、狂犬に噛まれた時と同じ作用を起こして、狂気になってついに死ぬものだとされております。否実際狂狼に噛まれたら最後、狂死するのだそうです。

山国の晩秋になると、萱刈りがはじまります。その萱刈りというのが、ある部落部落から一群を作って挙って山へ行くのですから、一群は四五十人から馬が六七十匹の見当でしょうが、二百十日の萩採り、晩秋の萱刈りと言えば、山郷の若者だちの一つの愉快な、そしてかなり辛い行事になっているのです。

私の部落と山を一つ隔たったところにAという部落がありますが、ある年萱刈りの時に、私の部落の者だちとこのAという所の人だちと山で一緒になって、多勢でオバヤという高原へ萱を求めて行ったことがありました。

このオバヤという山は近郷に有名な萱山だから、どこの村の人だちも第一番にここを目がけているので、こう諸処の村人が一緒になったのです。萱刈りには鎌揃えといって、一定の期日を定めて村々の役場では村民に沙汰するのですから、期せずして幾村の人々も山で鉢合うことになるのです。もっとも鎌揃いに先立って部落からは代表して偵察に四五人出し、いよいよ今年の萱はどこが一番よいとなって、その日にその目的地へ揃って行くのです。萱山には牧場のように縄張りがないから、誰でもどこの部落でもお先御免で、先取権が幅をきかせているのです。

そういう工合で、その日も我先にと山を急いで行きましたが、先に立ったA部落の若者どもは偶然と、岩穴から狼の巣を見付け出して騒ぎ立てました。よく見ると親狼ども二匹とも何か餌物でも探しに行ったものらしく居らず、巣の中には三匹の子狼ばかりが入っていたのです。

その子狼を老人たちが、「後難が怖しいから止せ」と言うのをきかずに、若者どもが、「飼ってみる」と言って、巣から取り出して家に持って帰ったのがそもそもの事の起こりで、それからというものは実に大変な災いがこの人々の間に起き上がったのであります。

与市と雌狼の決闘

A部落の若者どもが、巣から捕った子狼を途中まで持って来ると、それと気がついてか、後から親狼が二匹追いかけて来て、見送り見送り遠吠えをしていた。それにも拘わらず持ちかえると、子狼をかくまった家々の周囲を、恐ろしい声で吠えながら夜ぴいてめぐっていた。

ところがその子狼はまだ人間のやる餌をば少しも食べない。親狼どものとって来る兎や小獣類の新鮮な肉なら食べたかも知れないけれども、人間はそういうものは容易に与えることが出来なかった。そんなことで、とうとう子狼どもは三匹が三匹、間もなく死んでしまったのである。
それまでも、毎夜続けて親狼がやって来て、家のぐるりを吠えながら、夜明けまでぐるぐる廻(めぐ)っていたが、いよいよ子狼が死んだと分かった夜からは、えらい復讐をしはじめたのであった。そのある一方の家では朝起きて見ると、馬舎(うまや)の三匹の馬が嚙み殺されて倒れていた。また別の方の家では、そのことを見てから、翌晩は馬舎の戸締りを厳重にして、少しの隙間もなく、鼠(ねずみ)でも入ることが出来ないようにしておいたが、夜半頃(よなかごろ)になると馬どもが苦しそうな悲鳴をあげるので、起きて見ると、これもやっぱり三匹の馬が嚙み殺されていた。家人も危険で馬舎の方へは近づくことが出来なかった。夜が明けてから見ると、馬舎の土台の下の土を掘って、そこから狼が入り込んだということが分かった。

それから、その次の晩からは村の若者どもが寄り集まって警戒したが、もう狼は来なかった。この分ならば山へ萱刈りに行っても大事なかろうと思って、その翌日はA部落総出で山へ行った。そして萱を刈りにかかって、馬どもをば皆一緒に集めて沢の方へやすませておくと、その中からまた七匹ばかりの馬が狼に嚙み倒されていた。どんなに厳重に警戒していても、毎日五六匹の馬が食い殺されるのであった。それはまた数多(あまた)の諸部落の馬が山にいるのだが、特にA部落の馬ばかりをえらんで嚙み殺すので、A部落は総出でいよいよその狼退治という段取りになったのである。

その日も、いつものように沢に馬どもを集めて、部落の人々が物蔭に匿(かく)れていると、くだんの狼が二匹のそのそと出て来て馬に飛びかかった。「おいそれ！」と言うので、各自が鉄砲で打とうと思ったが、打てば一緒に自分らの馬も殺さねばならぬ患(うれ)いがある。誰一人躊躇して鉄砲の火蓋(ひぶた)を切る者はなかった。狼は見る見る一匹の馬を倒してしまった。

その時、A部落の人で、馬之助という四十ばかりの男があった。この人もみなと一緒に物蔭に匿れてそのありさまを見ていたが、狼が既に一匹の馬を倒して、今やまた別の馬に飛びかかろう気配に見えた時、何と思ったか、やにわに狼の目前に跳(おど)り出て行った。そして手に持っていた鋭鎌(とがま)を逆手に持って狼に斬(き)ってかかった。けれども狼はもとよりそんなことぐらいに辟易しているものではない、たちまち狼の逆さ小便という手で馬之助に飛びかかって来た。馬之助の方でもかねてその要心に軽い編笠をかぶっていたのだから、狼の一の手の毒尿も馬之助の眼を昏(くら)ますには役立たなかった。

しかしながら、あれよと見る間に狼は馬之助が振り上げた右手の肱(ひじ)をくぐって、彼の脇の下に噛みついた。しかしこれは馬之助が故意(わざ)とそういう隙(すき)を見せて、狼を誘うたもので、狼が脇に飛び込んで来るやいなや、むんずとばかり狼の首筋を力まかせに抱きすくめた。さすがの狼もちょっと身動きが不自由になって上向きに大口を開(あ)くと、馬之助は心得たりと例の上衣(うわぎ)を巻きつけた左腕をその口に突き込んだ。

狼が噛み食おうと口を開けば、開くほど深く腕が腹の中まで突き込まれ、その腹綿をぐいぐいと掻き揉まれるので、苦しさに勢いがひるむところを、馬之助はその細腹を膝の下に敷き込んで、右手の鎌を取りなおし、狼の脾腹を掻き切ろうとする。刹那、どこに匿れておったものか、一匹の雌狼が飛んで来て、鎌を持ち上げた肱に噛みついた。馬之助は思わず、「あ!」と叫んで体を振ったが、死に物狂いの雌狼がどうしても離れないので、仲間の方に対ってこう叫び出した。

「早くこの狼を打ってくれ！　俺を打ってもいいから！」。

けれど、仲間の者どもはただ騒ぎ立てるばかりだった。ところがここに馬之助の忰の与市という十六七の少年が、既に父親の生命さえ危うく見えたこの時に、躍り出て、父親の肱頭に食いついていた雌狼の脇腹に自分の鎌を貫き通した。「与市！　でかした！」、そう言って、馬之助は立ち上がりざま、左腕を突き込んでいた雄狼の細腰を足でじっと踏み据えると見る間に、狼の下顎に手をかけて、みりみりと二つに引き裂いてしまった。しかしその夜から馬之助は病狼の牙毒に犯されて、気が狂ってしまった。そして自分の家の壁や垣板に飛びかかったり噛みついたり、ちょうど狼の吠えるような声で唸ったりして、とうとう狂死してしまった。

部落では一切の費用を出して、この犠牲者の葬式を花やかに出した。そして息子の与市には部落から田地三反歩を与えることにした。今でもその時村方で建てた馬之助の碑が村の道岐（みちわき）に立っています。そして与市は今は五十余りの老人となって村に百姓をしています。

遠野郷の狼物語　その二

頭領牛に若牛が勝つ

日本では山の王者ともいわるべき狼も、牛には往々負けを取ることがあるようです。私の国でも今までお話ししたごとく、かなり狼の跋扈（ばっこ）を恣（ほしいま）まにしてきたのですが、民間に牧畜業が盛んになり、諸処の高原が牧場になって、牛馬の群が上がるようになると、人間の方でもそれ相応な設備もするので、だんだんと彼らの族（やから）の勢力範囲も狭められてきたのです。けれども牧場の設置された初期の頃には、一年にどうしても十数頭の牛馬の被害がありました。即ちその頃（明治二十四五年当時まで）の牧場での出来事を、ここにちょっとお話ししてみましょう。

牧場に牛馬をあげる日は、村々言い合わして大抵一定しているようですが、個人個人でもなるべく言い合わして四十頭なり五十頭なりを見付けやすく適宜にまとめて放しておきます。彼らにもなかなか一定の不文律があるもので、一緒に同じ群団をなして山へ行った同志は、どんなことがあっても放牧期間中は離散するようなことがなく、優勝劣敗ではなく、ある儀式的試合の結果、自然と優力者は頭分となって一群を引き連れ、監督保護しているという状態であります。馬の方はそう儀式が八ケ間敷くないようですが、牛となるといかにも執拗で執念深いが、また甚く規律も正しいものです。

話は余談に渉りますが、序ですからちょっとその例を言いますと、私の近所の山の牧場に牛群ばかり、何でも千頭近くの数を収容するところがあります。そこに数年ばかり続けて優勝牛で頭領になっていたKという人の持ち牛がありました。ところがある年、ホロという人の持ち牛で、まだやっと三歳ぐらいの若牛でしたが、同じ牧場にあがりますと、これは老若に拘らず、そこの頭領牛と仕合をすることが例ですから、その若牛も型のごとく仕合をしました。が、もちろん一撲で負けてしまいました。そしてその年の放牧期間中、頭領牛に扈従して至って従順にくらしておりました。そしてその翌年はこの若牛はほとんど見違えるような立派な体格になって山に来ましたが、それでも老巧な彼の頭領牛の仕合振りには到底叶わず、その年も家来にされてしまいました。その次の年もまた同様でしたけれども、その年から頭領牛とこの若牛との間に何かしら従来とは異なった感情が生じはじめたものらしく、折があると頭領牛は若牛を目の仇にし追い立てて、自分の群に近寄せないようにしていた。

またその若牛も自分から強いて頭領牛に今までのように扈従しようとも思わぬようで、

ひとり群から離れては沢や谷間に下りて、ひまさえあれば木の根などで角を磨いて一生懸命に仕合の稽古にはげんでいた。それはちょうど昔時の武者修業の若者のようであった。

そうなると群牛どもの心理もどういうものか、この若牛の方へ加担する牛どもも出て来て、その内に群牛が自然と二群の団体となった。もちろん若牛の方の群は頭領牛の群の三分の一の数しかなかったが、しかしその少数青年党の方がまことに新鋭気敏な一群であって、その若牛をはげまして常に仕合の練習に余念がなかった。そうしてついに例外な晩秋の時季に両主頭の仕合が山で行われた。しかしながらいまだ若牛の力が足りなかったか、よく勉め闘ったがその時もとうとう押し退けられてしまった。

(その時、この山の監視役をしていた青年の話だと、頭領牛は専心に若牛を押しに押して行き、後難のないようにその生命までも奪おうとする気勢であったところが、若牛に組みしていた群牛らが一挙して両牛の間に突いて入り、両方に押し分けたと言うていた。)そうしてその年も放牧期間が充ちて、山には霜が降り初め、群牛はそれぞれ家に下げられた。

その翌年の春になった。両牛の持ち主も今年はいずれが勝っても負けても、何となく懸念だから、同じ山へはあげまいと相談して、その若牛の方のホロでは別の私有牧場を設けてそこに放しておいた。ところが、このホロの私有牧場も去年の山続きの高原になっていたところから、若牛が夜にまぎれて埒を破って、去年の味方の群牛に投じてしまった。

そしてほとんど一昼夜に渉った永い闘争が、彼の頭領牛との間に行われた。監視者どもがそれに気がついたのは、闘争が始まってから余程後であったので、どうともすることが出来なかった。両牛が闘ううち、両方の群牛（むれ）はその周囲をぐるりと取り巻いて、各牛身動きもしないで注目していたということである。

　両牛は夜明けから夜にかけて闘っていたが、そのうちに、どうしても老齢期に入りかけていた頭領牛の方がはじめの勢いに似合わず、だんだんと押し捲（まく）られだした。それを見た両方の群牛（うし）はまた両牛の間に分け入って、敵味方を双方に引き分けた。そうしてようやく若牛が勝ちをしめることになったのである。

　話がこれで終わるのなら、こんなことはあえて山では珍しくないことで、あるいは年々普通慣例（ありきたり）のことであろうが、何しろこの頭領牛というのが、その山の牧場始まってからの大将牛であったから、いかにも残念であったものと見えて、その後は二三日食もとらず、涙を流しながら空の一方ばかり眺めていた。それからある日突然にどこにか姿を匿（かく）したので、人々が必配して探しまわると、この山のずっと奥の方の大谷地（おおやち）という深沢の泥沼に入って、泥の中に深く首を突き入れて自殺をしているのを発見した。それを見て関係者どもはひどく同情をして、この永年の勇ましかった頭領のために、そこに石碑を建ててやったのが、今でも牛頭権現（ごずごんげん）と読まれて沼のほとりに立っているのである。

狼と牛の話

余談がひじょうに長くなりましたが、さてこれからいよいよ、先の狼と牛の話に立ち返る。前話のように勇気もあり義理人情というような心持ちさえわきまえている牛らであるから、狼に逢っても馬のように騒ぐばかりで、能なしに嚙み殺されるようなことはしないのである。

この話も、前話同様同じ山で起こったことである。そんなふうに団結心が強い牛どもであるから、夜休む時なども、老牛や子牛（こうし）どもを中に入れて、力の強い壮健な牛のみが、その周囲をぐるりと取り巻いて臥（ふ）せている。ある夜、そんなところに数匹の狼が襲うて来た。それは重（おも）に子牛をとろうとしてであった。

それを見た監視役の牛が一声もうもうと鳴くと、寝ている牛どもが一斉に皆起き上がって、その怖い夜盗人を取り巻いた。とり巻かれた狼どももその整然とした防備の仕方にはちょっとたじろんだらしいが、さりとて今更後へ引き返す訳にも行かないから、一吠え吠えるのをきっかけに、揃（そろ）って群（むれ）牛の囲いを突き破ろうと一方の隙を見て飛びかかって行った。すると牛どもの方では全く戯談（じょうだん）のように、ひょいと首をすくめて角でもって頭の上に狼を掬（すく）い上げたかと思うと、急に猛烈に頭を振って、狼をちょうど手鞠（てまり）のように、ぽんぽんぽんぽんと持ち上げては受け振り上げては受け、各自（めいめい）にやや小一時間もそうしていた。そのうちに狼どもはすっかりへとへとに揉（も）みこなされて、虫の息になったところを見澄し、やっと地上に下ろしてから、みんな寄ってたかって踏み潰（つぶ）して殺してしまったのである。こんなふうだから狼も牛にはかなわないのである。

哀れな子牛の話

ちょっと挿話として、ここに哀れな子牛の話を一つしましょう。

ある年、私の部落から上がった極く少数（四五十頭）の雌牛の子連れの牛どもがいた。子連れとなると、母牛に一二頭、多いのは四五頭の子牛がついているから、子牛を大切にするために、彼らは他の群牛（むれ）とは自然と別になっているのである。その一群の中に何かのことで母牛が死んで、母無し（おやな）の子牛が一匹交じっていた。

この母無しの子牛は常に哀れで、いくら利巧なようでも畜生であるから、他の母牛どもも各自自分の子供ばかりを可愛がり護（まも）って、どれもこれもこの子牛を見てやるものはなかった。だから孤児牛（みなしごうし）は群の一番後について、いつもちょこちょこと歩いているのであった。

ある時、この子連れの群に、不意に一匹の山犬が襲うて来た（その時は昼間で、監視者もまた飼い主から食塩をやりに行っていた者どもも、多勢そこに居（お）ったといいます）。狼は石が飛ぶように群牛の中に突き入って、どれかよき得物はと食ってかかったが、母牛どもは各自に子牛どもをかばって、急に例の楯陣を造り、寸隙もなく犇犇と堅めてしまった。ところが孤りそこに残されたのは彼の母無し牛であった。狼はやっとそれに気がついて、踵を返して今度はそっちの方へ進んで行った。

　子牛はそれを見ると、恐ろしそうに叫びながら、群牛の方へ逃げ込んだが、自分らの危険を怖れてか、母牛どもはそれを威嚇して側に寄せつけなかった。子牛は仕方なく今度は人間を力にして、人々の方へやって来るものだから、人々はやあやあ叫んで狼を追い退けようとするが、それもあまりききめがなかった。そのうちにとうとう子牛は狼に噛み倒されてしまった。その時の子牛の泣き声がちょうど人間の子供の泣き声のようであったと、今でも折々百姓だちは、その時の哀れな態を思い出しては物語っている。

牛の執念深さ

　私は牛のいかに執念深いかという好例をもうひとつここに言って、まずこの話を置こうと思うのである。ある年、牧場から副頭領ともいわるべき、常にしんがりを護っている雄牛が姿を消してしまった。牧場の方でも棄ててはおけず、いろいろと捜索してみたが、どうしても見当らなかった。また飼い主の方でもかなりの高価な牛だから、手の及ぶだけ極力探索したけれども、とうとう見付からずそのまま行方不明になっていた。

ところが、それから数年経ってから、ある年の秋、村の猟師の某が白見（しろみ）という山に鹿をうちに行っていた。ある日偶然（ひょっこり）と妙な骸骨に行き逢った。よく見るとそれは一匹の牛が一匹の狼を角で突き通して、土に突き詰めたまま彼我（ひが）共に死んだ、その遺骸であったのである。たぶんそれが先年行方知れずになった彼の雄牛であったろうということであった。思うに、ある時自分の群牛（むれ）を襲うた狼を追い詰めてきて、そのようになし果てたものであろう。やっぱり関係者は集まって畜生尊重の謂（いわ）れから、そこに一基の墓標（はかじるし）を立てて永く記念したということである。

遠野郷の狼物語　その三

私の話はいつも狼話で真(まこと)に自分でも気が引ける。しかしこういう話は今のうちに書きとめておかぬと、自然に消滅してしまいますから、もう一度だけ話さしてもらいます。

蕨峠(わらびとうげ)の旅役者

遠野郷から山越しで気仙郷(けせんごう)へ行く所に、蕨峠という山路があります。今から二十年ばかりも前の話でしょうが、旧劇の旅役者市川某というのが、遠野の町で師走芝居(しわすしばい)をうち切って、正月早々気仙の盛(さかり)町で場明けをしなくてはならないこととなったので、一座の者をば一足先に赤羽根峠(あかばねとうげ)という所から気仙へ越させておいて、自分は後始末をしていました。それが案外に手間どって、その年もだんだんと押し詰って残す日はなくなってくる。どうしても明日までに向こうへ行かなくては芝居が出来ないという大晦日の夜に遠野を立って、一人この蕨峠に差しかかったということでした。人里離れて山路に入った頃から、さらさらと雪が降り出して来ました。寒さは寒し、もう一生懸命に気ばかり急(せ)くが、暗いので足ははかどらない。が、とも角もやっと峠に上り切って、まあよかった、これからは下り路だと思うとほうとしました。

　ところがその時、むこう尾根の方で、何物とも知れず一声吠える物があるのです。それは惑う方なく狼でありました。某は仰天してこれはいかぬと山路をどんどん駆け出したが、その吠え声がだんだんと自分の後ろに間近く押し迫って来る。遠野辺で聞いたところでは、この頃男火（ちょうどその辺りの外山）に、病狼が現れて人馬を害するとあったが、これは正しくそれだと思うと、全く生きた心地がありません。とにかく逃げて助かれと駆けるが、後ろの狼ももう自分の足音を聞き、人間の匂いを嗅いだものと見えて、一声一声に吠えるのが高く鋭くなって、草木のそよぎも聞き取れるくらいというほどの距離に追い迫って来るのです。某はこうなっては全く無我夢中で、どこをどう走ったものか、やっと山を下りたと思う処に、一つの辻堂があるのを見付けて、それに駆け込みました。そしてその辻堂の外戸を締めるのとほとんど同時に、狼もそこに飛び着いたのだと言います。

　某はまず幸いに辻堂の中に入って、狼とは外戸一枚の隔てを保つことが出来たが、それでも安心が出来ず、しっかりと戸をおさえていると、狼は外から狐くぐり（当所ではよく神社や辻堂などの外戸に、お椀大ぐらいの円い穴をつけておきます）にから手（前足）を入れて、がりがりと掻き立てる。そうしてどうしても内に入れないと見て取ると、今度はどこか隙がないかというように、辻堂をぐるぐると打ち廻って、おうおうと吠える。そうして夜明けまでいたが、夜がしらじらと白む頃になって、狼もあきらめたものか、山の方へ引っ返して行くような様子でありました。

　某はやっと文字通りにほっとしました。そして少し気が慢むと、何だか自分の頭が何か圧しつけられているような工合、おかしいと思ってひょいと首を傾げると、ばさりと水のように冷たいものが頬に垂れかかる。はっと思うとそれは女の髪でありまして、齢若い女が辻堂の梁に腰帯を懸けて縊死していたのでありました。某は、「『きゃっ』と言ってそのまま気絶して、一二時間は何事も知らなかった」と言いました。

　この事を話したその市川某という役者が、六七年前にまた遠野へやって来まして、方々の顔役の所に顔出しをして歩いた時、私（佐々木）も逢いました。その時はこの人はもう六十歳ぐらいの、でっぷりと太った人で、その時の話をするのさえ一種のゆとりとうまさをもって、面白く話してくれました。「……後で考えると、その女は私が辻堂に駆け込んだ時分あたりに縊ったものらしく、苦しさのあまり私の頭髪を両手でじっとつかみ、私におんぶするようにしていたものらしいが、私が一心真っ向に狼怖さに気を呑まれておって、ちっともその娘さんの方には気がつきませんでした。それから私は正気に返るなり、下村へこうして駆けて（中学生の駆け足の姿勢で肱を前後に振る）行って知らせますと、それはその村の大家のお嫁さんだということが解りました。可哀想に若いお嫁さんが、何かの理由からそんなことをしたものと思います。そして私はそれから一行の連中に落ち合ったものの、あまりの驚きに役は出来ず、そのまま病人のようになって、その興行中は休ましてもろうたのでした……」。

話し手の態度性質柄か、変な個所もありますが、当方では事実談として言い伝えられておる。ただその真偽は暫くおき、狼の横行していた時分の挿話として、私は何の躊躇もなしにここに書き留めておく所以であります。

萱刈りの兄弟

遠野郷土淵村字栃内、西内という所に兄弟があった。ある年の秋に駒木山という方に萱刈りに行くと、ひょっくりと狼に出会した。その狼は病がついていたと見えて、遠くから兄弟を目がけて驀進して来た。兄弟の者は馬を三匹連れており、もはや逃げるには逃げられず狼狽しているところに、既に狼が差し迫って来たので、兄が馬の背に結び置いた鎌をとって打ち振ると、弟の方に差し向かった。弟はやっぱり荷鞍に結びつけておいた鎌をとろうとしたが、なかなか縄が解けず、急場の間に合わぬので、そこにある小柴を拾い取って狼に向かった。そうしてこれでもやや暫く争闘していた。その隙に兄は馬をまとめて、後も見ずに家の方へ逃げ出した。弟は兄の処置に振り返って、「兄さん助けて！」と言ううちに、狼に脇の下に飛び着かれてしまった。そして声を立てて泣きながら狼と組み打ちをしていたが、とうとう可哀想にもたちまちに狼のために食い殺された。弟はその時の齢が十六歳だったということです。その兄が、今ではいい爺さんとなって生きております。

私ら（佐々木）が小学校に入ったばかりの当時（今から二十七八年になりましょうか）には、村の後ろの二つ石山という処のガロ（岩石の間）に狼がいて吠えているのを、家の後ろから祖父と二人で眺めて見たことを覚えています。二匹居ったようで、こう下から上へゆるゆると面を上げながら、おうおうおうと吠えていました。何でも十月末頃の木枯しの吹くような薄曇った日で、私たちは寒さに顫えながらそれを見ましたが、祖父に、「あんな物はあまりいつまでも見ているものでねえ」というようなことを言われて、家の中に入ったことだったと思います。

紅血に染まった鹿の骸

私の養父は先年亡くなりましたが、ある時の話に、「山へ行ったら大抵の時は、大犬様に出会した。ある日俺が山へ行くと、細い山路の傍らの大石の上にいる。俺は馬に乗っていたのだが、馬が鼻ばかり鳴らして前に進まない。その間（狼と自分との）はやっと一間足らずのところだが、こやつ人を愚（ばか）にしている、よし馬から下りて驚かしてやろうと思って、手綱を手繰り腹帯に足をかけて、ちょっと横に向き地上に下り立って見ると、もう狼の奴がいない。どうなったろうと思うと、遥か向こうの尾根を走（は）せ越えるのが目に入った」と言います。

その当時は狼は野犬のように、真っ昼間中村里に下りて来て、犬を噛んだり猫を殺したりしたということです。私の村の大洞（おおほら）という処のある家の嫁女（よめじょ）が夜雪隠（せっちん）に起きると、雪隠の中に狼が入っておったと聞いて、私たちがその家の前を通る時には、一種の恐怖を覚えるのが常でした。

それから私の経験としては、何でも十歳（とお）ぐらいの時、祖父に連れられて山に茸（きのこ）取りに行きました時、ある山の沢合の湿々（じめじめ）したところに、ほとんど馬の足跡ぐらいの大きさの足跡を見付けて、「これは狼の歩いた跡だ」と教えられたことがありました。それから少し行くと、まるで毛だらけの糞（ふん）があったりして、何の茸どころではなく怖がったことを覚えております。

私の祖父が中年の頃、「晩秋（おそあき）のある日、山から帰って来ると、家から四丁ばかり離れた谷川の渡り石の上に、今食い殺されたような一匹の大鹿が脇腹を噛み破られて、その傷穴から湯気が立ち上がって横（よこた）わっている。はて肉は取らぬが、どうかしてこの毛皮だけでも貰いたいと思ったが、狼という奴はどこか側近くに匿れて見ているものだから、とうとう皮を貰いかねて来た。それから家に帰って飯を食べてから、惜しいから、もう一度その渡り石の処に行って見ると、少かな生血ばかりが滴れてあって、もう鹿の影も無かった」というようなことを話したことがありました。

革羽織の勇者

やっぱりその当時、東海岸の大槌浜という処から遠野へ魚荷を運搬する馬どもが、和山峠という高原帯を通る時、これは昼夜の差別なく病狼に襲われて、今日は馬が三匹、昨日は五匹というように被害がありました。その病狼は二匹の雌雄で、馬の鳴輪が道路ですると、向こうの尾根の萱穂の間を飛び越え飛び越え駆けて来るのがいつも見えました。それで昼間はとにかく、夜通しという高い賃銀を取る馬がはたと途絶えて、浜も陸もまた駄賃馬の連中も非常な打撃を蒙ることになりました。けれども幸いに、雄狼の方をば遠野の須崎の某という男が鉄砲で打ち殺したのでしたが、後に残った雌狼が今度は猛烈に復讐的に襲うて来るので、手のつけようがなかったのです。しかし、かかる場合には何時も一人の義侠者が現れるもので、その時、「俺が皆人のためにあの狼と勝負する」と名乗り出た者がありました。それはやはり、土淵村字須崎の俗に和山熊という若者でした。

この若者が故意(わざ)と夕方浜を出て、馬を三匹引いて鈴鳴輪を振り鳴らせて、夜の十二時頃に和山峠の石仏という山中まで来かかった時、狼が襲いかかってきました。熊は待っていたのだから、狼が馬に飛びかかって来るのを、横合から一撃に鋭鎌(とがま)でもって斬り下ろした。これまた芸のない狼で、ただほんの一撃で肩先から胸に斬り込まれて、そのまま地上に朱に染まって横(よこた)わってしまったのです。こうして永らくの障害も除(よ)けられて、また浜道路が自由に往来が出来るようになりました。私らは小学校への往復の道で、よくその熊という人が馬を急がせて、がんがごんがと鈴鳴輪を鳴らせつつ通るのに行き逢って、「あの人は狼を退治しただぜ」と言い合いつつ立ち止まって眺めたものでした。

III

猟師たちが自慢する

遠野郷の鹿狩り夜話

たて続けに二十一頭

奥州の冬期の猟くら（狩猟）では、なんと言っても鹿狩りがいちばん盛んで、そしていちばん狩人の喜び好んだことであったのです。またこの動物がどの獣よりも肉皮角等がいちだんと秀れており、また山野には、夥しい数の鹿群がおったことからでありましょう。

奥州の山谷にどんなに多くの鹿群がいたか、ということを証拠だてる話のひとつにこんなのがあります。陸中の国遠野郷から和山峠という高原を越して、海岸地方へ下ろうとするところに、小槌、徳波、長谷などという深い山里があります。そこの徳波という土地の、今年五十ばかりになる男の話に、

「……私がちょうど十五六になってやっと追い子（山の方々に廻ってほうほうと声を立てて鹿を追い出す役で、まだひとり前の鉄砲は持たせられないで、鎗を持って行ったものです）となることが出来て山へ行く頃には、長嶺に上がって方々の谷々を見下ろすと、どの洞にも五六十の鹿がおったものです。だからどんなへぼ鉄砲打ちでも、一日に十頭や二十

頭とらない者はなかった。不意にやると、鎗持ちの子供らでさえ一二頭は殺せたものです。

ある時、私は祖父(じい)につれられて例の錆鎗(さびやり)を一本かついで山へ行くと、ある洞から思いがけなく一群の鹿がかけ出しました。その鹿がぞろぞろと長嶺にかかり、ずっと一列に並んで、早足に向こうの尾根へ行くところを、私がかぞえると、その数がちょうど八十三頭あったことを記憶しております。

その時私の祖父が、私の方をかえり見て、『ほれ、呼ばれ！』と言うものだから、かねて教わっていたとおりな声を出して、その鹿どもを呼ぶと、尾根の上にぞろりと並んで、一勢に自分たちの方を振り返って見て、立ち止(とど)まった。それを私の祖父が、続けざまに二十一頭撃ち倒したのでありました。

私の祖父は土地きっての狩人の頭(かしら)であったし、それに老人(としより)だのに名人という名にそむかなかった人です。その時などもどうねらいを着けて打ったものか、一発で三頭倒しました。それも今日流行の元込め銃ではありません。一発打つごとに長い竹の矢柄(やがら)を銃口からつき通して銃身の中を掃除し、それから弾丸(たま)や煙硝をつめてから、また前の矢柄でそれを押し込み、そして火縄仕掛けでうったものです。だからその手数のかかることは実(まこと)に複雑で、面倒臭いことが夥しい。とても今日の銃のように雨が降ってもいい、風が吹いても水の中でも打てるというような、便利結構な器械ではなかったのです。それでもって一続けに二十頭も射倒すという段は、今から見れば想像もつきかねる手際です。

いたずら者の猪（いのしし）

鹿とともに猪も多かったものでした。この猪という奴は秋になると、毎夜のように畑に来て穀物の穂をきったり、百合の根や芋などを掘りおこしたりするので、百姓はこれには一番弱っていたものです。私の家などにも、猪小屋（ししごや）といって山端の畠地（はたち）などには、一間四方ぐらいの小屋を建てておいて、秋になると夜ごと夜ごとに、番人に誰かが行ったものでした。今日でもなお、山ばたの畑には、この小さな可愛い小屋の残っている村などもあります。

私の隣家の乙爺（おとじい）という人が自分の畑の猪小屋に行っておると、毎晩のように、友達らが畑にやって来て、猪のような真似（まね）をして爺を驚かす。ある夜も小屋の近所の畑に来て粟（あわ）を切り倒したり、何か土を掘り起こしたりする音がする。が、乙爺も慣れたもので、小屋の中から大きな声で、こんな工合に怒鳴り散らしながら、背中あぶりをしていたものです。

『あの奴ら！　誰だ。長九郎か犬八か丑六（うしろく）だか？　そんな真似するよりここさ来てあたれじゃ。こう見えてもこの乙爺はな、堺木峠（さかいげとうげ）で三十年の間猪鹿（しし）や狼狐どもと一緒に暮らして来た爺様だ。猪はどういうふうに、狢（くさい）はどんなふうに畑を荒らすもんか、そんなことは、ちゃんと心得たもんだ。やい、やい丑六犬八、ここさ来て、背中あぶりでもせえじゃ、なに！』。

ところが、翌朝起き出て見ると、畑一面にみのった粟の穂は、刈ったように嚙みとられ、土は鋤で敷かれたようにどこもかしこも掘り起こされていた。こんなことをしたものなんです、猪という奴は……」。

八叉の雄鹿を先頭に

こんどは私（佐々木）自身の経験したことをお話しします。今からちょうど二十年ばかり前の冬で、私はその当時まだ小学校へ通っていましたが、その頃は雪国の慣例になっている、永い永い冬期休業で家にいました。それももうずっと日が経っていって、二月中旬の旧暦正月あたりだったと覚えています。ぼたぼたと雪の降る、静かなどんよりとした日でありました。

ちょうど午さがり頃、村の熊野社のある杉森の方で、五六人で何か叫ぶ声が聞こえたものだから、私は何事だろうと思って縁側に出てそっちを眺めて見た。雪があまりに烈しく降るので、よくは分からなかったが、何だか雪群の奥から鹿の角のようなものが左右に振り立てられながら動いて来るのだ。すると、たしかにその叫び声が、「鹿きた！」と言っていることが分かったのでした。

「鹿《しし》、来たじゃ！　みなあべ（行こう）！　出ろ」と、私は男どものところに飛んで行って言いました。「それ！」とみんなが斧《おの》だの鉈《なた》だのを持って飛び出したから、私も大急ぎで土蔵へ駆け込んで古鎗《ふるやり》を持ち出したのです（私が土蔵から古鎗を持ち出してから、雪草鞋《つまご》をはき、もんぱ帽子（分厚い三角状の綿布で頬被りする布）をかぶって、さて駆け出すまでは、どんなに心急《こころせ》いてもどかしかったか、想像してみてください）。

　そうして私は、鎗を小脇にかい挟んで、どんどん駆け出したが、ぼた雪だからなかなか足が思うようにはかどらない。ところが私がひょいと見ると、どうだろう、雄鹿が八又を背負って真っ先に立って、一群の鹿どもが疾風のごとくに五六間前《さき》に駆けて来たのです。私はあまりの驚きに一間ばかり後へ引き返すと、べたりと雪の上に臀餅《しりもち》をついてしまった。と思う隙《ひま》に、私に押しかぶさるように獣群が飛んで来ました（と私には見えたのです）。

「やあ！　やあ！」と私は叫んで、長い鎗でもって雪の上を夢中になって叩《たた》きつけていると、そこを多勢《おおぜい》の村の人たちが笑いながら駆けて通った。それがみんな昂奮《こうふん》して紅《あか》い顔をしていました。「何だ、お前さんは、どうしたもんだえ。鹿はとっくの昔に向かい山さ行ってしまったぜ」と言われて、はじめてそれに気がついて鎗を杖《つえ》にして起き上がると、そこには近所の男が立っていました。

立ち番の少年がぶっつり！

その時の挿話が、今日でも私たちの間に残っていて、よく笑い話にされております。私は目がくらんでいたので、大群の鹿だと思って仰天したのでしたが、実はみなで七頭だったのでした。私が村の男と連れ立って、皆のところに走せ参じた時には、すでに三頭ばかり倒れていました。

ある少年が、やっぱり私同様に鎗を持って飛びだしたが、遠巻きにすることになって、ある崖下に配置され、そこに立ち番することを言いつけられました。何にしても立ち番というやつはあまりいい役目じゃないのですが、そのうちにもこの鹿狩りの時の立ち番はたいくつで、その上に寒くて手足が冷たくて仕方のないものなんでした。で、その少年は鎗を棒立てにして、向こうでわいわい騒ぐ大人たちの仕事を羨やんで眺めていました。

ところが、少年の頭の上で、ふうという音がしたので、ひょいと顔を上げると、どうしたものか、崖の上から大きな雄鹿が飛び下りてきて、少年の鎗の穂先に腹を貫き通して倒れました。「あッ、と思って、俺は身をかわす隙もなく、そこいらの雪がさッと赤くなった。俺は五六尺ばかり向こうへけし飛んでいったが、どうだい、鹿はぶっつりと太腹を、俺らが鎗に串刺しになったもんだ。正気に返ってから、雪の中から跳ね起きざま、俺はこ、う叫んださ、『俺（おら）、鹿（しし）をとった！　殺した！』と」、その男が、今も話して小気味よかったというふうであります。

それからその鹿どもは、村の後ろの谷川へ入って、川伝いに逃げようとしたが、とうとう七頭とも村人に殺されてしまいました。そのうちの一匹などは、川の真ん中で斧で頭を切り割られて、ちょうど人間の泣くような声を出して泣きながら死に、あるものは脛（すね）を切り落され、鎗で貫（つ）かれてみんな死んでしまいました。そしてそれらの首級（くび）は、第一に刃当てをした巧名者の手に授けられたのです。

肉だんご

その夜から三日間ばかりは、昼夜村の狩人の頭の家に、村中の老若がより集まって、毎日毎日その鹿の肉を、秣草（まぐさ）を煮る七斗入（しちとい）りぐらいの据え釜で煮て、食ったものです。中には焼肉にしたり、肉団子をこしらえたりする女たちもあって、私などはそれを窃（そっ）と長者の家の娘などから貰（もら）って食ったのを記憶しております。

また狩人の作法であったか、隣村部落などの狩人の頭や、狩人どもなども、皮羽織（かわどうぎ）をきて何かの木の皮で巧みにあんだ腰当などを、さらさらさせながら来ました。そういう人たちは、そこに来ると、くるりと肩から鉄砲を器用にとりはずして、家の入口のところにぞろりと立てかけて、どれもこれも肩をぶるぶると揺すぶってから、おもむろに入って来たものです。その頃はどこでも自由に濁酒（どぶろく）をつくったので、そんな人たちは文字通り飲んだり食ったり、しまいには喧嘩までしたりして、三日も四日も居続けたものでした。

その時などは、そんなふうにして肉の方はみんな村中総がかりで、どうやらかたづけてしまったが、果てには皮までも売って、踊りの太鼓でも買おうといって、たしか一枚一円八十銭ずつで、ある男に持たせて町へやったところが、その男は帰り道で少し酒を飲みすごして、金はすっかり落として来ました。私の記憶では、村でそんなふうにして鹿をとり、そんなふうなふるまいをしたのは、これが最後だったように思います。

熊狩りの猛猟師と語る

岩手県上閉伊（かみへい）郡金沢（かねざわ）村に、Ｓという兄弟の猟夫（かりゅうど）が住んでいる。私（佐々木）は、その弟の方のＳにあって、この頃こんな話を聞かしてもらった。それを諸君に伝えたいと思う。無論出来るだけ話のままを記述したい。誇張を避けたいとするのが私の態度である。それゆえ、以下の記事も普通の冒険譚（ぼうけんだん）とは自ら別種のものとして読んでいただきたい。

雷光状（いなずまなり）の噛み傷

「今日びこの辺の山で、熊さいおッかなく無かったら、どこを歩き、どんな所に迷い込んだとていっこう平気なもんで御座（ござ）えんす。私は今ちょうど三十になりますが、十六の時から親父（おやじ）や祖父様（じいさま）の後から勢子（せこ）にかたって（加入して）歩いて、それから徴兵の三年を除いたあとの十二三年というものは、ほとんど山の中でばかり生活（くら）しているようなもんで御座えす。今の山では狼が全（まる）っきりいねえって宜（え）えくらい（いるには偶々（たまたま）には見掛けますが）のもんですから、熊が何といっても一番強くて剛情な奴（やつ）で御座えして、人間が死んだ真似（まね）

をすれば、かまわねえなんて、そんなことが全っきりの空偽で、もしもそんなことをするもんだら、見ているうちにペロリと食い殺されてしまえます」。

（「黒熊もやっぱりそういうふうに人間を食うのか。人間を食うのは北海道の赤熊ばかりだと聞いておったが」と私が言うと、Sはこう語り続ける。）「何の、何の、現にこの私の背中を見てくだせえ。これこのとおり、立派な証拠が御座えます」（と言って片肌脱ぎになって背中を出す。そこには肩から背筋にかけて幅二寸長さ五寸ばかりの傷跡が雷光状に光っている）。「これこのとおりで御座えんす。これは俺が二十歳の時、熊と組み打ちをした時に噛み取られたあいつの鋭い歯の跡で御座えます」。

（以下その時の模様を、自分はなるべく話者が語った意味通りに、忠実に記しましょう。）

大熊と取っ組んで谷底へ

その時、私（狩人S）は兄と共に、あの白見山に行きました。ところが、もちろんそれはあの山ばかりではありませんが、どこでも、深山の密林の中では、小暗いのと大木が多いのとにひどく戸惑いをさせられるもので、よほど熟練を積んだ狩人でさえ折々思わぬ不覚を取ることがあるものです。この時も私が先に立って木立の中へ入って行くと、ある大木の蔭で、不意に、二匹の子熊を連れた大熊に出会しました。私が前に立っていたが、あまりそれがいきなりだったので、私(わっし)は二三歩後退りをしながら、こんな時に急いではならぬと思いつつ、一発で射止めようと持っていた鉄砲を突き出すと、熊はやにわに飛びかかって来て、いきなりその鉄砲を私(わっし)の手から奪い取るなり、ブンと下の谷底へ投げました。

私(わっし)は鉄砲を奪(と)られては仕方ないから、今度はこっちから熊に飛びかかって行くと、彼は例の熊の一撲拳(ひとつこぶし)というやつをやりましたが、そのたんびに身を切って空を撲(う)たせ、少し力がひるんだところを見て、ムンジと胸に組みつきました。ところがどういうはずみであったか、私(わっし)の体が熊と一緒にドッと五六尺前に跳ね返ったが、それからは上になり下になり、非常に長いこと、そうして格闘し続けていました。ところが私(わっし)は熊の胸元に潜(くぐ)り込んで、しっかりと抱きつき、ぐいぐいと満身の力を籠めてその脾腹(ひばら)を膝頭で突きこじていると、熊はまた一生懸命に両手で私(わっし)の背中を引っ掻き引っ掻き、がりがりと音をさせています。

どっちが死ぬか生きるか?! 私(わっし)はこういう思いがちらッちらッと胸を掠(かす)めていきますが、もう体がだんだんと疲れてきて、気が遠くなるように感じた時、不意に熊が立ち上がると、ブンと今度は背後(うしろ)にへし飛んで、組み抱いたまま、山の傾斜をブンブンと車輪のように廻って谷間の方へ転び墜(お)ちて行きました。

これはいけない！ と思った時、今度はひどく高い岩崖(いわがけ)の上に止まっていました。そうして今度私(わっし)は熊に後ろ抱きにされていて、変な音がします。気がついて首を廻して見ると熊の奴、私の背中をがりがりと噛って食い散らしていました。やあ！　食っているな！　という気がしました。その時不意に鉄砲の音がドンとすると、どうしたのか自分を噛っていた熊が、私を突き飛ばして背後によろついていきました。

木の枝から逆吊り

それはよいが、その途端で、私は岩から転げ落ちて行って、中途の枯木の枝にハバキ（木の皮で編んで作った脚絆）の緒を引っ懸けて倒さに宙にぶら下がってしまいました。けれども幸いに手がとどくところに別の技がありましたから、実に長い時間をかかって、そのハバキの緒を枝から引き脱して、それからずるずると下の方へ滑り下りて行くと、谷底に先刻、熊にとって投げられた自分の鉄砲が落ちているのを見つけたのでした。

よしきた！　鉄砲が目に入ると、すぐ私は元気になったから、それを拾い取るなり、上を見ると、向こうのノセ（山の峰続きのなだらかな稜線）のところを先刻の熊が変に潰れたような格好をして歩いて行くから、ためて引金を引きました。するときやつは前のめりに倒れて行きましたっけ。

事件がそうなると、急に兄者がどうなっただろうと思い出しました。すると崖の上の方で、何か頻りにものものしい音がするようでしたが、私の体は綿のように疲れていて、そこに寝そべったまま、立ち上がって向こうへ行くだけの元気がありませんでした。だから私はそのまま目を瞑って仰向けになっていました。そうしていると、そう背中の傷が急に痛み出して、ジキンジキンと体が引き裂けでもするように、痛いこと！

それから暫く経ったと思う時、「おうい、どうした！」という声がするので、はッと気がついて眼を開いて見ると、先刻私が転び墜ちた崖の上から、兄者が見下ろしている顔が目につきました。「兄者！　熊を捕ったのか？」と私はそれに答えました。「捕った、捕った！」、こう言ってから、兄はひどく怒って叫びました。「だがお前の質態がなんだ！　熊いきれに負けて、おんのめって（倒れて）いやがる狩人がどこにあるもんだ、しっかりしねえか、馬鹿奴が！」。本当にそうだと思ったから、私は体が裂けるように痛むのをじっと我慢して、鉄砲を杖について起き上がり、よろよろと山を崖の横脇から、兄者のいる方に登って行きました。兄はそれを見て手を打って喜びました。「おう、おう、好い狩人だ！好い狩人だ！」、私はこう褒められて、ぼっとすると、両眼から涙がほとばしり出ました。もちろんまだ少年気が抜け切らなかったのと、体の負傷の痛かったことにもよりましたでしょうが……。

その時、兄者は子熊を二匹生け捕っておりました。後で聞くと、私と熊とが取っ組み合いを始めた時、熊を打とうと思ったが、私らが抱き合っているので、どうしても打たれなかったということでした。それにもし下劣(へた)に言葉をかけると、人間が気を免(ゆる)して力がひるむものだから、そのままにして見ていたが、やっと岩の上に転がって行った時、熊が上になり身体(からだ)に隙が出来たから、一発打ったのだということでした。その弾丸(たま)は熊の首筋を貫いておりました。兄者はそうしておいてから、子熊を生け捕ろうとして時間を費やしたのでしょう、そのうちに私(わっし)の発砲した銃音(つつおと)に安心して、子熊と角力(すもう)を取っておったといいますから、私(わっし)が倒れながら岩崖(がけ)の上の方で、変な格闘をするような音を聞いたのが、その音であったのでしたろう。私(わっし)の放った弾丸は運好く熊の背中にあたっていて、きやつはそこにそのまま打っ倒れて血を吐(は)いて縡切(ことき)れておりました。

手柄の三途縄(さんじなわ)

（Sはなおも言葉を続けて、しかしこんな平凡事(つまらぬこと)を、さも事々しく喋言(しゃべ)るのは狩人として恥かしいことだと言う。けれども自分は強いて、彼を促して語らした話のうちから、もう一つだけを記すことにする。）

ある時（兵隊から還(かえ)って来て間もない時分）、やっぱり白見山に一人で行ったことがあります。例の密林の中に入って行くと、向こうを子熊を二匹連れた親熊が歩いていましたが、木立でどうしても射(う)たれぬものだから、「おおい！」と大きな声で呼び止めておいて、こちらに向いて立ち止まるのを一発ドンと食らわせてやりました。たしかに手応えがして、熊はちょっと前につまずいたが、彼は剛情な奴ですから、そのまま子熊を引き連れて向こうにのそりのそりと行き、近くの橡の巨木の空洞に入って行きました。

先刻私は彼の頭を睨って射ったのだが、どうしたことだろう、しかし彼らの慣習で、様子を見に必ず外に顔を出すものだから、こっちは、もうちゃんと空洞口に睨いを定めて待っていると、案の定、少し顔を出しました。待っていたとばかり、バン！と射つとまたひょいと中に匿れてしまいました。

私はもう嬉しくて堪らず、親熊はきっと斃れただろう、いつかの兄者のように子熊を生け捕りにして家に土産にしようと、木に登り空洞穴へ入って行くと、どうだろう、親熊の奴は苦しがって、両手で以て土をがりがりと掻き掘っておりました。それは何の苦もなく、キリハ（短刀）で貫き殺したが、生け捕ろうとする子熊の方がなかなか剛情で、うまく取っ捕まれない。三途縄を解いて、それを縛り着けようと思うが、一匹を取りおさえると、一匹の奴が歯をむき出して手や腕などに噛りついて、どうにも始末におえません。で、仕方ないから一匹の方をばウンと首筋をどやすつけて（打ちつけて）、気絶をさせておいて、別の方の奴に縄をかけ、そうしてから、気を失なっている奴をばコダシ（木の皮で種々な装飾をして編んだ獲物を入れる大袋）にねじ込み、暴れる奴をば難儀をして空洞から引き摺り出しました。空洞の中には親熊が斃れているので、それには木に三途縄をグルリと三廻し巻いておいて（これは狩人らの獲物所有権の証拠、三途縄のかかった獲物に手をつけた者は、一生狩人の附き合いを拒絶されることになっている）、子熊を引き連れて家路についたが、途中でコダシの中の子熊にも目を覚まされ、暴れ出されてほとほと困り、それにそやつらに噛まれた傷が思いの外に痛んで、十間ぐらい歩いてから憩み、また憩みつつ、やっと夜半になってから家に着きましたが、この時ほど腹が空り、かつ乱暴者を背負ったり引いたりしているので、酷い目に遭ったことは、まず近年にはありませんでしたっけ。

大飯と大力

私（佐々木）の問いに対して、Sは、「五回ほど熊と取っ組み打ちをした」と言っていた。そうしてこのSは今は白見山に樵夫に交じっているが、私の行った時、妻君と二人で昼食中であった。その鍋は二升炊きらしかったが、とにかく二人で（主にS方だけで）その中のものを皆食ってしまった。私は第一番にまずそのことに度肝を抜かれてしまった。

しかし、「一日に一人して米二升ぐらい食う者は、この仲間にはさして珍しくも無いことだから」と、私の友人の樵夫のTという男が笑った。

「あのSなら平均一日に三升は食うだろうさ。だが、その代わりにまた人の三四人分の仕事も楽にするんだからなあ。先だっても木炭六貫匁俵を背負台（しょいだい）にかけて十二俵背負って楽々と終日山出しをしていた。自身でもそう言っているが、八十貫ぐらいまでは訳が無いというから、まず通常の人間の四人半分（炭六貫俵三俵即ち十八貫ぐらいは誰でも背負うから）、馬なら二匹半分ぐらいの物は自由だろう」。

もっともこのＳは兵隊に居た時、機動演習か何かの時にも、野砲を担いで歩き廻り、松原に匿れていて、敵方の騎兵に不意に発砲して、奇功を奏したことがあるなどとも言うていた。

雉子寄せの名人

一日に楽々と三四十羽

村では二十年ほども前までは、一本の木にとまっていた雉子（きじ）を、一続けに二十八羽打ち取ったという者がありました。一日に三四十羽打たぬ鉄砲打ちはなかったといいます。どんなに下手な者でも、それぐらいはとったものだとは、よく私らの聞くところです。

またその当時の雉子も暢気（のんき）なもので、一本の何かのヒョウ（寄生植物の実）がついている樹（き）に、五六十羽群をなして飛んで来ては、やがて今の雀群のようにつき、ピヨピヨウ騒いでいる。そこを狩人（またぎ）がドンと一羽打ち落とすと、あとの群はただ鉄砲の音に驚いて首を伸ばしている。またドンと打つ。またそのとおり、とこういう工合で、ちっとも逃げなかったからでもあったといいます。その当時おそろしく居たという証拠には、私の家（うち）の山端の三十苅ほどの豆畑が、雉子のために一日のうちに全部（すっかり）台なしに荒されたことがあったほどで、百姓には猪鹿（しし）などに次いで、晩秋には恐ろしがられたものなんだそうです。しかし今はそれも既に遠い昔の話となったのです。

これでもまだまだこちらの猟場は絶望ではありません。やっぱり稀(まれ)には一日に五六十羽も打つ人があります。私の友人なども二三十羽は大ていの日には取るようです。

私の友人にAという男が居(お)ります。鉄砲は好きだが、先祖からの狩人というのでもないから、作法も秘伝も何も知っておりません。ただ兵隊式にケンと目標を合わして、ドンとやるだけぐらいの腕なのです。けれども綺麗な赤皮のケース帯を腰に巻きつけて、西洋風の狩猟服などを着込み、銃身の光るのを騎兵のように斜めに背負(しょ)って、肩を揺すぶって山の方へ行くのを、昔からの狩人たちと一緒になって、私たちもよく笑ったものです。「なんでえ、今の鉄砲打ちは雉子や兎(うさぎ)しか打てねえのか？　いっそのこと餓鬼どものように鳩(はと)やシギでも打って遊んでたらどうでえ。笑わせるな、それで狩人かな」、こう皆に愚(ばか)にされてもよく毎日山へ行きました。

ところが手練を積むと恐ろしいもので、雉子打ちにかけては一村の名手となりました。その男の苦心談とでもいうべき経験話を次にすこしばかり言ってみます。

隣村へ弟子入り

Aの話。鉄砲担いだが、なにしろよい師匠がないからよく中(あた)らない。自家(うち)の寝室(ねべや)の窓から柿の木の枝に来た懸巣鳥(かけすどり)を打っては村中の物笑いになったり、夜鴨(よがもう)打ちに行ったとては笑われました。雉子の価がだんだん高くなって、一羽三十銭からその上もするようになったので、一日に十羽取って三円、三十羽とれば九円、どうかすると十円、金が取れるようになったので、これはいっそのこと雉子専門の狩人となろうと決心をした。それには第一番に、オキ（雉子寄せの笛。自製の角細工で四角なもの）の吹きようを覚えなくてはならぬので、誰彼と師匠を探してみたけれども、村にはこれぞという人も居ない。人伝てに聞くと、隣村に雉子寄せの名人があるというから、そこに行って弟子入りを申し込んでみた。

師匠というのはまだ六十ぐらいの元気な爺だったが、なかなか稽古振りが六ケ敷い。五分オキからはじめて六分七分、八分オキとすすんでゆくが、その吹き方がてんで皆違う。初め、鳥群が来そうな山洞のようなところへ行って、草叢の蔭か藪蔭などに隠れていて、鳥誘いのオキを吹いてみる。鳥が居ると方々からぞろぞろと寄り集まってくる。そういう時にはまず雄鳥が四五尺ほども先に立って方々に目を配り、警戒に警戒をして来るのだから、いい加減に鳥どもを近づけておいて、不意に驚きと警戒の笛を吹く。すると雉子どもははたと歩みを止め、あるいは体を草叢の中に入れて匿す。

雉子どもをそうして暫く置いて、もういい加減だと思った時、また静かになんでもなかったから安心せよ、という笛を吹くのだが、この辺の呼吸はこうして話しするようでは無く、なかなか六ケ敷い。もしもオキの一節…は愚か、一声一呼吸間違ったら最後、鳥群はゲイと叫んだままバッと飛び立って雲を霞と逃げ去る。このように一群を連れて出て来るのを、鉄砲打ち仲間ではミチユキと言っている。なぜなれば餌《え》などを探して歩いている時の状態だから、この時には前に言った驚きと警戒の笛、即ちオドスで運動を中止させてしまうのだ。

天気と季節によってかれらもそれぞれに生活が違ってくる。ただの遊びに野に出る時と、恋愛のために出る時と、前の餌を求めに出る時などと、それに準じて狩人の笛も相違している。そこを吹き分け使い分けて、鳥群が何から何まで自分の思うままに一歩一退させながら、こちらで糸をもって操っているように自由自在になってこそ、雉子打ちの面白味というものが出て来るのだ。飛び打ち、下げ打ち、止め打ち、これらはもう技術の堕落の終わりだ。真の鉄砲打ちならケンウチといって、鳥の頭部《あたま》、つまり物の役に立たぬとさかを打つのが本義なのだ。殊にこのケンウチの尊いのは本込め（鉄砲）なら頭部が打ち散らけて台なしになってしまうけれども、散弾だとすこしもその患《うれ》いなく、あまり大した負傷《きず》もつかず、まるで生け捕ったもののようにして取ることが出来るのだから面白い。

三年の年期で師匠附きをして、その間毎年師匠に連れられて山へ行った。そして鳥獣の趾《あしあと》を一々見ることを教えられた。雉子でも兎でもその他大物小物、なんでもその趾でしっかりその性状万端が解る。この鳥、この獣はどういう目的のためにこの雪の上をこうして歩いたか、餌探しのためか、恋愛のためか、ただの遊びにか、移住のためであったか、すべてがよく解る。そればかりではなく、兎などは白か斑（まだら）か灰色かというように、その毛色までよく分明がつくものだ。もちろんそれらの動物が今どんなところに居るのか、その遠近の個所までも手に取るようにその趾で相解る。

こうならなくては鉄砲は打てぬものだ。終日（いちにち）山を駆けずり廻（まわ）って生き物にぶっつからぬのなんのというような手合は猟夫（りょうし）でも何でもなく、ただ東京辺りのいけ道楽者らの遊びだあな。よくこの頃は町の旅人屋（はたごや）に来て、犬ばかり大事にしていやがる手合だ。雉子オキ一つ吹けねえ。あの人たちはシギか鳩ぽっぽでも追うているのが柄だんべ。

山から帰ると、師匠に夜更けまでオキの吹きようを教わったものだ。誘い（寄せ）、オドス（驚かし警戒）、引き（これは何にも危険なものが居らぬから安心せよという笛）、チョッカイ（これは恋の誘い）、このうちには雄呼（およ）び雌呼（めよ）びなどの吹き分け。ダマシとは親鳥が子鳥を呼ぶ声。まずざっとこんなふうに吹き分けて教わるのだが、なかなかよく呑（の）み込めない。次の日は師匠に連れられてまた山へ……そうして藪蔭に隠れていて、ピヨピヨとやってみるが、どうしても雉子が寄って来ぬ。師匠がピヨピヨやれば、ぞろぞろそっちへばかり寄って行くという案配式だ。

出鱈目に吹いた笛

だけれどもいよいよ年期が来て、師匠もそれぐらいならもうよかろうと言ってくれるし、また私もこれぐらいの技術ならもうよかろうと思って、師匠別れをして、その年の秋山へ行った。私の心には背負いきれぬほどの自負と希望とがあったのだ。

まず師匠から伝授されたような地形と風の配りを見てから、ここならばと思われるところに行って、雉子小舎をかけた。これは極く簡単な仕かけで萱や草で蔽うたもので、鉄砲の口を出す穴と覗き穴をつければそれでいいのだ。まず持参の炭火をおこし、弁当の餅をあぶりながら、そろそろとオキを吹いてみた。第一その辺に雉子の影も見えないのだから、居るか居らぬかの試しオキを吹かなくてはならない。それを吹くと小舎の前後左右からピヨンピョンという応じ声が聞こえ出した。

もうしめたと思ったから、すぐに誘いに吹き替えてみた。ところがどうしたことか、四方の雉子が一時にはたと鳴りを静めてしまって、寄って来るどころか、ピイともピョウとも言わぬ。はてどうしたことだろうと思って、一生懸命に吹いたが、吹けば吹くほどいよいよ鳥は音を出さなくなる。これは不可ぬと思ったから、オビキにしてみたり、チョッカイにしてみたり、ダマスに吹き替えてみたりしたが、いっこう反応がない。三年間の師匠伝授の秘術秘伝をつくして吹いてみたけれども、却って不可ぬ。もうこうなっては師匠はやっぱり昔の人で、俺に真実のことを伝授しなかったのだと思うと、腹立たしくなってくる。そこで今度は反対に雉子どもを追い散らそうと思って、滅茶苦茶にオキをビイビイと吹き立てた。

ところがどうだろう、その私の腹立ちまぎれの出鱈目な笛の音にのって、今まで鳴りを静めていた雉子ども、一時にそれに応鳴をし出したことだ。私はただ呆気にとられてしまって、どうしたらいいか分からなかった。その時雉子を三十七羽射殺した。四方から五六十羽寄っただろうが、何しろ小舎の中で自由が利かなくって、それだけしか取れなかった……。

誘き寄せられた狐

A君のオキはそれからその自分のビイビイを基調として自分で工夫して、すべての鳥の動作に応用されましたが、その後の妙技は即ち名人の域に達しました。彼の腕の冴えていたということを証拠立てるにいい挿話がひとつありますから、それだけをお話しいたします。

ある日、Aがいつものように小舎に入ってオキを吹くと、雉子が一羽も出て来ません。不思議なこともあるものだと思いつつ、なお吹き続けていると、向こうから何だかカサコソ、カサコソと微かな音を立てて来るものがある。何だろうと思って見ると、それは大きな狐でありました。序でに言いますが、この狐ぐらいずるい奴はなく、またそれぐらい利巧な敏感な奴ですから、決して人間が角でこしらえた笛の音などに乗って来るものではないのです。しかるに狐の奴、その時はAの笛に乗って来たのでした。

　Aがピヨピヨ、ピヨピヨと友呼びのオキを吹くのを真に受けて、狐はそれを取ろうとして、そう忍び足でやって来るのです。Aは雉子の居らぬのもこいつのためだ。よしちょっと待て！と心のうちでは叫びつつ、散弾をつめておいた銃からケースを抜いて、散弾のケースを入れ替えようとしたのです。その極く短い間オキを中止したのが、向こうの狐の不審を招いたのでした。狐は笛が止むと立ち止まってこっちを見ていましたが、Aが注意に注意して音を立てぬようにケースを詰め、機械を元に直そうとした時に、微かにカチンという音を立ててしまったが、敏い感覚ですぐそれと向こうでは気附いたらしく、さっと草叢の中に身をかくして見えなくなってしまったのでした。これはしまった！とAは思ったが、もう仕方がないから鉄砲を起こして立てかけ、何ともなく茫然としていると、なんだか小舎の蔽いの上にカサリという微かな音がする。何か覗いているなあと思った時、ちらりと頭を掠めていったのは先刻の狐であったのです。で、思わず立てておいた銃の引金を引くと、どさりと上から倒び落ちたものがある。これはやっぱり狐であったのです。

狐の奴、一度は変なカチリという堅い音がしたのですから、怪訝(けげん)に思ったが、それでもまだＡの笛を真実の雉子と思い込んでいるので、未練を残しＡの小舎などに這(は)い上がったもので、生命(いのち)を失くしたのです。

Ａのことに就いては、いろいろ面白い挿話もありますが、今はただ雉子寄せのことだけについての話に切っておきます。彼はまだ若く四十ぐらいになったばかりの男です。先年北海道に赫熊狩(あかぐまが)りに行って、左手を熊に食い取られて手をひとつしか持っておりません。そんなふうな狩猟(かり)気違(きちが)いの男であります。

IV

村の噂を話す

猿ヶ石川の河童物語

猿ヶ石川

猿ヶ石川というのは、その源を陸中の名山早池峰の前山なる薬師岳白森山の間から発して、附馬牛という村の峡谷を南下し、遠野郷の盆地に出て、到るところに大小の諸川を合わせ、更に西に流れて和賀稗貫の郷土を縫い廻って、ついに北上川の幹流に注ぎ入るのであります。

この流域は往古は蝦夷の郷土であったことで、坂上田村麿というような都の方の大将だちがしばしば方々の鬼どもを退治したことでありましょう。それらに関した口碑や史蹟や岩窟（鬼の窟）、蝦夷穴、蝦夷屋敷などとなって、到る所に残っているのに拠っても解ります。けれども今、私はそんな伝説のことを言うのではなくて、専らこの川筋に就き河童の物語を陳べることにします。

その順序として、まずこの川の起源に就きて残っている伝説をお話ししておきましょう。太古、早池峰山に一人の老翁が居りましたが、その翁は極めて小人であったに拘らず、白鬚（しらひげ）が腰の所までも届くように長く垂れておりました。この翁が、ある日、山の深谷から一個（ひとつ）の石を足で蹴り蹴り山を下りますと、その石の転んだ後に水が流れて、従って一筋の川となりました。それが今の猿ヶ石川だということです。そうしてその石は山から、附馬牛、松崎、横田などの村々の間を転がって、今の綾織（あやおり）村字逃石（にげいし）という所まで来て止まりました。そして暫（しばら）くそこに居ましたが、ある一夜、また転げ出して、和賀郡成島の田瀬（たんせ）のが、ろ（岩の重なり合っている場所）という所に行って止まりました。今でもそこの淵に居るというのです。

その石の形はちょうど権現頭のような形で、常に大口を開（あ）いて東北の早池峰山の方を怨めしそうに眺めているといいます。余談ですが、この田瀬という所は、鮎の大きく美味なることによって有名であります。

川に遊んでいる河童

さて河童の話になります。私の曾祖母（ひいばあ）が稚（おさな）かった時、友達と水浴びに家の背戸（せど）の谷川に行きますと、三叉（みつまた）の胡桃（くるみ）の樹（き）の上に、真っ赤な顔の河童がいて、何かに余念なく遊んでいました。そしてこちらをひょいと見ると、たちまち樹から落ちて見えなくなりました。

「わしらも怖くなったから、そのまま家に戻ったたった」と語るのをしばしば聞いたことがあります。

次は、青笹（あおざさ）村字沢田、菊池柳之助という人（四十歳ぐらい）の話です。この人の家の前に、用水にしている幅二尺ぐらいの極く水量の少ない砂川がありますが、柳さんが、十歳ぐらいのある夏の朝、弟と何かのためにその川に行っていますと、その小流れの川草の生えている所に、一歳児ほどの淡赤（うすあか）い子供がいて、両手でもってその川草をゆるく扱（しご）きながら、静かに水に体を委せて下（しも）にくだり、そしてからまたざぶざぶと上流に泳ぎ上っては、川草をゆるく扱いて下にくだるというふうにして遊んでいました。柳さん兄弟はそれを一間ばかり隔てて、互いに肩に腕をからんだままで暫く見惚（みと）れているうちに、何かのはずみで、その物が顔を上げて、兄弟の方を見ると、驚いてどこかに匿（かく）れてしまいました。兄弟には、それが身を翻して、ざぶりという水音と共に、川砂が濁りを立てただけしか見えなかったといいます。

柳さんの父で登（のぼり）翁という人、この人は村の戸長から村長までもやった人ですが、やはり柳さんと同じ年頃の少年の時分の旧暦七月七日の朝に、少年のことですから、用もなくぶらりと家を出て、用水場の方に行くと、家人がいつも水を汲む桶などを置く平石の上に、二三歳ぐらいの童（こども）とも思われるものが、流れの水を掬（すく）っては額にかけ、そんなことを頻りにくり返していました。ところが後ろから人の来た気配に、ひょっとこちらを振り返ったと思うと、たちまち体を躍らせてざぶりと流れに入りました。そこからはほとんど半日がほど砂濁りが立っていたということです。これらの話はいずれも実見者の直話であります。

佐吉殿淵の河童

猿ヶ石川の本流筋でありますが、上閉伊郡綾織村字日影に、佐吉殿という家があります。この家の後ろに佐吉殿淵という深淵があって、ここに一匹の河童がいるとのことです。この河童は時々その家の座敷に上がり込んで、ザシキワラシ（家に魅いている子供姿の霊のこと）ともなるとの噂があります。

今から三十年ばかりも前の話です。この家で持ち地の山林を売ったことがあります。木挽どもが入りこんで、この家の座敷に寝泊りしていますと、夜々一人の童子が出て来て、悪戯をしていけませんでした。あまりうるさくもあり、かつ気味も悪いので、その童子を取り押さえて懲らそうとしましたが、却ってみんな負かされてしまうのでした。その中に、小相撲などをとる、浜生まれの福木挽という男がいて、「今夜こそは……」と待ち伏せしていて角力を挑みますと、この男も見事に負かされてしまいました。それからはみんなは驚いて、その家を出てしまったという話です。このワラシは即ちその河童だったということで、今でもその淵には棲んでいるという噂です。

河童の詫証文（わびじょうもん）

この話に似寄ったものに、同郡栗橋村字栗林、小笠原嘉兵衛という家の話があります。ある日この家で、馬を前の川原に放しておくと、馬がやにわに暴れ出して馬舎（うまや）の内に駆け込んで来ました。

その夕方下男の一人が、飼秣（かいば）をやろうと思って馬舎に行くと、不思議にも馬槽（うまふね）が引っくり返って伏さっていましたので、起こして見ると、一匹の河童が潜んでいました。それから大騒ぎとなり、たちまち多勢（おおぜい）のために河童は捕まりました。「なぜ、こんな悪戯をしたか」と人々が問い糺（ただ）しますと、河童の言うことには、「私は元来馬が大好きなために、馬を曳（ひ）いてみたくて堪らず、手綱を取って引っ張ると、この馬が暴れ出したので、私の力が負けてここに来たのです。どうか生命（いのち）だけは助けてくだされ」と涙を流して詫び入りました。

そこで河童を生かすか殺すかの議論が分かれて、決しかねているところへ、この家の主人が来て、「これからはかような悪戯をせぬという証文を書いたなら宥（ゆる）してやろう」と言うと、河童は左の腕を嚙み切って、指でその詫証文を書いたそうで、今にこの家にはそれが保存されており、珍客でもあれば出して見せるのが自慢の一つになっているということです。

　この河童はこうして、主人の情けでやっと宥された後に、川から上って、この家の座敷に入り、そのままザシキワラシとなって住みこみました。そうなってからは、なかなかの主家思いで、馬に飲ませる米の磨ぎ水が不足でもすると、家の後ろの沢の水を濁して白水に変え、半切桶に幾つも雇い人どもに汲み取らしたというような話もあります。今はこの者はこの家の別家の某という家に入っているとまで言われております。

河童に胡瓜

　河童の足跡は、川岸の砂の上などでよく見ることです。雨の日の翌日などは殊にそうであって、猿の足と同じように、親指は離れて、やや人間の手の跡に似ております。その長さは三寸足らずで、指先の跡は人間のように明瞭とせぬと言います。

　猿ヶ石川の沿岸松崎村の人で、野菜作りをしている菊地長吉という知人の話によると、「毎年河童に胡瓜を食われる害はどうも夥しい」と言っていました。「それはどうして食うのか」と訊きますと、「胡瓜が花納りがしてから、やっと二寸ほどになった青々しいのを、蔓に生らせたままで、ちょッきりちょッきりと半分ほどぐらいずつに嚙み切っておく。それが一夜のうちに畑全部を荒されることがある」と言うのです。

木流しの一家族

猿ヶ石川の上流の水源地に、ちょうど猿に似た石が立っているので、川の名前が生まれたという口碑があります。去年の夏に私らが四五人で○という村に越えようと思って、この川に従うて、ずっと上流にさかのぼって行ったことがありました。

川がやっと二間幅ぐらいに狭まってくると、上流からどんどんスリパ（鉄道枕木材）が無数に流れて来るのが、水肌に見えぬほどに多くて見事でありました。そうして所々の川をこの材木で堰（せ）きとめて水をつつみ、その上に一町も二町も材木をためておいて、一時に溜（と）めを破りて、その水勢で下流にそれを流出するような方法を取っております。しかしこの方法は実に危険なもので、溜め木を切り払う時に上に湛（たた）えている材木の下に巻き込まれ、死ぬ人が往々あるといいます。

私らがそんな所を見つつ上流にずっと登って行きますと、川の中に年頃十八九ばかりとも思われる美しい色白の娘が石の上に立って、眼を瞠（みは）って私らを見ておりました。

何だろうと思うと、その水から一町ばかりの川の間に五六人の人たちが居（お）り、その中には廿頃の女と夫らしい若者、それから父母らしい男女がいて、銘々に鳶口（とびぐち）で材木を流していました。そして川岸の小砂利のある処には、前の娘の弟妹（きょうだい）でしょうか、七八歳ほどの子供らが砂利いじりをして遊んでいるのでした。こう一家族打ち揃(そろ)ってこんな仕事をしているのを見ると、本当にこのような仕事でも、それにこんな山中(やまなか)でも、一小天地の有意義な涙含(なみだぐ)ましい生活であると思いました。自分は幾度(いくたび)後を振り返ったか知れませんでした。

河童の捨(す)て児(ご)

このような人たちの間に起こった話です。この川筋のある所に、一人の美しい娘がありました。その娘がある時川に水汲みに行くと、川中の岩の上に、不思議な童子が坐(すわ)っているので、それに見とれていますうち、とうとうそのものに魅(つ)かれて、子供を生みました。

その子供は身内が真っ赤で口は大きく、実に醜怪なる姿でしたから、その娘の兄が忌まわしく思って、それを棄(す)てようとて道ちがえにまで抱いて行ってそこに置き、一間ばかり歩き出しましたが、「いや、捨てるのは惜しいものだ。売って見世物にしたら、金になるだろう」と思って、立ち戻って見ると、もう取り隠されたと見えて、そこに無かったということです。

こんな類の話は所々にあります。いつか折を見て多く語らせていただきましょう。

猿乎石乎の石

猿ヶ石川という名前の起こりに就いては、もう一つ伝説があります。それは昔、この近所から京都に上り、宮仕えしていた役夫に、左内という若者がありました。至って美男であったために、同じく宮仕えの女の清滝という官女と語らって、二人は内裏を忍び出て、遁れて男の故郷を志して来ました。しかし何しろ御上の御詮議が厳しくて、二人は故郷にも居たたまれず、ついにこの川上の岩窟の中に身を隠しておりました。そのうちに女は種々の苦労のため、病の身となって、ついにそこでこの世を去りました。左内は泣く泣く亡体を葬り、その塚の印に石を建てました。

その石が麓の方から見上げると、ちょうど猿に似ている。即ち、猿乎石乎と疑わしく見えるというので、その塚の傍らから湧き出る細谷川の名をそう呼びなしたのが、抑々の始めだということです。

山姥の怒り

その猿乎石乎の石のある塚の辺りでしょうが、河原の坊という処があります。ここは早池峰山の中腹部に位して、今では一個の祠が立ててあります。半神半妖の山男が何かを祭っていたのかが、そもそもその始まりだったろうと想像されます。

記録に拠りますと、後深草院の御宇宝治元年（一二四七）の頃に、ここに一人の僧が住んでおりました。ある夜焚火のまわりに餅を並べて焼いていますと、不意に身長六尺余りの老婆が、頭には荊の雪を戴き、眉毛長く生え、口広く大きく形相凄まじき姿で、どこからとなく出て来て、その餅を皆取ってしまいました。僧は肝をつぶしましたが、これはただ物ではない、山姥であろうと思って、ただ黙って見ているうちに、餅がなくなると山姥はどこへとも無く行ってしまいました。

次の夜も、妖婆は前のように来ましたが、餅が無かったので、そのまま帰って行きました。こうして毎晩やって来るようになったので、僧はふと考えついて、ある日河原に下りて、丸目で白く、ちょうど餅のように見える石を拾い集めて来ました。

日暮れになると、僧はその石を火の中にくべ、赤くなった頃に取り出して、炉の廻りに立て並べておきましたら、その夜もいつものとおり彼の山姥がやって来て、その焼け石を餅と思い、片端から取って食べました。僧はそれを見て、「婆、酒はどうじゃ」と訊ねますと、「おお酒は好物じゃ」と言いました。それで酒と見せて僧が油を飲ませますと、山姥の口からたちまちに火炎が燃え出て、総身が焼け上がりました。さすがの山姥も苦しがって、虚空を飛びかけりて、「このことを覚えていろ」と叫びつつ川に飛び込みますと、俄に大雨となって七日七夜の大暴風雨となりました。

こうして山も谷も野も皆満目の水となり、平地の村々に激浪を漲(みなぎ)らして、猿ヶ石川に大洪水が出ましたが、その最中に、白髪(しらが)の老婆が叫びながら、下流に押し流されて行くのが見えたというので、今もこの時のことを白髪の洪水(みず)と伝えております。

消印余録

一年三百六十余日、毎日郵便局の小窓の下に、同じような事務をとっている。その余暇に、私は、四十余年も村々の集配夫をしていた源次郎という老人から聞いた、種々（いろいろ）な話をここに記してみましょう。

この老人は今は七十四五歳にもなりましょう。古い兵隊上がりの人で、兵隊から帰ると、今更百姓もやりたくないからというので、その頃初めて町に建った郵便局の集配人になったというのであります。先年あまり老齢になったというので退職しましたが、それでも昔懐かしいものと見えて、夜など時々局に遊びに来たりします。そんな時に物語ったこの老人の経験談であります。

猿が出て困った話

明治二十年前後、私（源次郎爺のこと）が初めて郵便局の配達夫となって、仙人峠という郡境の山を越えて行きますと、深林の中に大した群猿が居て、樹上から枯れ枝などを取って投げつけたり、またキャッキャッと一斉に歯をむき出して威喝したりしてなりませんでした。

　私はある時、そんなふうであまりうるさいので、隙を見て手頃の石塊を拾って、ばッと投げつけると、群猿の中のどれかに当たりまして、ギャッと叫びました。すると先立つ猿の大将が、鋭い声でキャッ、キャッと二声ばかり叫びましたが、その叫び声と同時に山中の四方から、猿が出るわ出るわ、およそ百匹以上も出ましたが、それが恐ろしい声で叫びながら、私の方に向かって来るのです。私はすっかり恐怖気がついて、郵便カバンを掻き抱いて一生懸命に逃げましたが、逃げれば逃げるほど、彼らは勢いに乗じて、私に飛びつくように追うて来ます。

　私はへとへとに疲れ切ってしまって、往来の真ん中に立ち止まって大きな声で、「こらッ」と叫んで、くるっと後ろに振り向き、「俺がわるかった。これをやるから許してくれ。今日からお前たちと友達になろう」と言って、風呂敷に包んで腰に結びつけてあった弁当の結び飯をとって、路傍の石の上に置いて、ずっと立ち退いて見ていますと、今度はキャッ、キャッではなく、ホウホウというように聞こえる声を立てて、先立つ猿がその石の側に立ち寄り、その周囲を群猿がぐるりと取り巻いて何事かしていた。たぶんその握り飯の分け前でもしていたことでありましょう。私はその隙にどんどん逃げて山を出たのでありました。

それからというものは、毎日その峠にさしかかると、今度はキャッ、キャッではなく、ホウ、ホウと歓びの声を上げて、始終おみやげを請求されるのにはほとんど閉口しました。私は何かの場合には、たとえ山猿でも報恩のこともないものではないと思いまして、毎朝一つ余計に握り飯を作って、それを持って行ってやりました。

猿の報恩

ところが私の予想が見事に適中して、私は猿どもに助けられる時が来たのです。その話を少々致しましょう。

それはある冬の大変雪の降った年のことでした。正月の種々な郵便物が町の郵便局から逓送されて来たのを、私は一荷物にして背負って、峠越しをして向こう裏の麓の取扱所まで持って行かねばならなかったのでした。そこで朝からの吹雪を押し通して家を出かけたのでした。

家族の者たちは、「今日は山の上にはきっと道が無いかも知れない。止むを得ない事故という理由で、今日一日ぐらいは休んだらいいだろう」と言うのでしたが、私は逓送事務のいかなることかを常に聞かせられておったものだから、「途中から引き返すまでも、とにかく行ってみる」と言って出かけたのでした。もう村端れの路からして雪に埋められて跡方が見えませんでした。

山は大変な吹雪でしたが、それでも私は雪路に自信があるもんですから、峠さえ越せばいいという考えで、腰丈の雪をぽつりぽつりと一足ずつ舟を漕ぐようにして登って行きました。

山の中腹、いつもなら群猿が出て、ホウホウと呼ぶ辺りに差しかかった時には、がさばった郵便袋が厭（いや）に重くて、峰の方を仰ぎ見ると、低い雲の流れと、吹雪空の渦巻で眩暈（めまい）がしてくるほどでした。これではならぬと自分で自分に元気をつけて歩き出しましたが、不思議に下腹から力が抜けて、頭が先に立ってふらふらと前に突ンのめっていくような工合でした。可笑（おか）しいと思うているうちに天地が暗くなって、私は雪の上に尻餅を搗（つ）いたなり、そこに昏々（こんこん）として深い眠りに墜（お）ち入ってしまったのでした。

私はどれぐらいの時間を吹雪の中に昏睡していたか分かりません。はっと夢から覚めたような気がして眼を開いて見ると、私の体の周囲におよそ百匹もの群猿が犇々（ひしひし）と打ち重なって、異様な声で鳴いていました。そしてその群の親猿が二三匹代わり代わりに、私の懐中に手を差し入れて体温を見ているようでした。私が眼を開くと、それら一同がさもさも喜ぶようにホウ、ホウと呼び立てるのでした。

もっともこれは解釈の仕様でありまして、いかようにもとれるのですけれども、私はこれらの親友のお陰で生命を助けられたと思って、猿どもの前に手を合わせて泣いていました。その中に両方の麓から、私の救護隊の村人たちが登って来たのでした。猿どもは人の気配がすると、私を置いて深林の中に入って行きました。

私はこうして吹雪の中で生命拾い(いのちびろい)をしましたから、その後で猿のお土産に餅を搗いて持って行ったことがあります。私の話はまだまだあとに続きます。（以上、第一回）

一枚の葉書

大変みぞれの降る冬の日のことでした。私はいつものように郵便局に行って、その日の郵便物を集めて袋に入れて背負い出し……否(いや)これはずっと後年のこと、その当時は村に一日に十通十四五通のものでしたから、郵便と赤文字で書いたカバンに弁当と一緒に入れて、朝日の出る刻限に村に帰って来ました。それから役場の宿直室に来て、配達順序に取り分けて、カバンに詰め直して、それから順々に配達しはじめたのですが、夕方頃になって最後の葉書をある家に配達すると、その家の主婦は、「配達さん、済まないが、その葉書を読んでください。たぶん湯治に行っている己家(おらえ)の旦那からの便りだろう。いつ帰るか……」と言うのでありました。で、私は何の気なしにその葉書を読みます。それが、「主人庄兵衛に葬する件に就き用談有り、即時××警察署に出頭相成度云々」と書いてあるではありませんか。私はその「葬する件に就き」というので、すっかり主婦が気の毒になり、何と言ってよいか分からぬので躊躇していますと、主婦は私の顔色を見て、「何か家の人に変わったことでもありますか」と訊き返しました。私はこれは隠し立てをすることでもないので、「これは旦那は死んだのだ。葬式をするから、すぐに××警察まで来いと書いてある」と言うと、主婦は「えやッあれらど！」と家に向かって、家族を呼び出してから、「家の父親が湯で死んだど！」と言って、土の間にべったり尻餅を搗いたまま、ポカンとなってしまいました。家の中からはどやどやと家族が出て来る。そして大騒ぎになりました。

そこで、この仕末をどうすればよいんだか、まず駐在所に行って聞いて来るといいということになり、私も葉書を読んだ関係人という訳で、一緒に行くと、駐在所の旦那は見て、「ああこれは庄兵衛に関する件云々であるから、何か博奕でもやりはしないかな。博奕で無かったら何かな。ちょっと見当がつかないが、死んだのじゃ無いんじゃ。郵便配達夫のくせに生意気に他人の通信文を読んだりして……それも誤読を報告して人騒がせするとはけしからん。以後注意をしろ」と、えらい小言を食らったことがありました。達筆で「関し」と書いたのを「葬し」云々と読むような自分であったのでございます。

その庄兵衛という人が温泉場で、縊死未遂をした件でありましたが、危うい処で私の誤読が真実になる処でありました。

電報配達夫の死

ずっと後年のことでありますが、私とほとんど同時に郵便局に入った同僚、私よりも十四五も年上の老人がありました。仮にCということておきましょう。

このC老人は私よりも十年も前に配達の方をば止めて、時々遠方の村々に電報配達の臨時傭いをして、夜は夜中でも、どんな風雨雪嵐の時でも二里三里と歩いているのでありました。

その老人は村でも、「電報爺様」で通っていました。村に吹雪の夜など来ると、綿入も着ないで寒さのためにがたがたと顫えて、「ああ今夜はなんてこう寒いであんべえ。どうかはア火を焚いてあててくんさい」、こんなことを言うて、自分で薪木などを土間から持ち運んで、勝手にどんどん火を焚いて、それに両膝までくべるように突ッちゃさッてあたって、それでも、「ああ寒い寒い」と言うていました。

村でもその老人の生活をよく知っているものですから、俄に飯の仕度などをして食わせました。急で間に合わぬ時には粥などを煮て出しましたが、なんでもかんでも非常に喜んで食べるのでした。

私はある日、昨夜から吹雪がし続けている寒い日でしたが、例によって朝早く町の郵便局から村の方へ帰って来ると、路傍に四五人の村の人たちが立って、何かがやがやと話に夢中になっていました。何しているのだろうと思って、私が近寄って声をかけると、「源おじ、いい所に来てくれた。こら電報爺様がこんなになって死んでいるでば」と言うのでした。「なに電報爺様が死んでる」、私はこう言って、側に近寄って、日頃近しくしていた間柄ですから何の嫌厭もなく、その屍（しかばね）に取りついて、「これCさん、しっかりしないか、これこれCさん！」と言って揺さぶったが、もちろんもう剛張（こわば）って半ばかんかんと凍っているのでした。私は我に返って、皆の方へ振り向いて、「もうあかん。かんかんに凍（す）みきって堅くなっている」と言いました。

そうしているうちに、C爺のふところから、ころころと凍った握り飯が一個転げ落ちました。それを見た村人は、「この仏、昨夜どこへ来たんだろう」、「村長さん所の娘あ、病気で仙台の病院に行っているけ、あそこさ来た帰りなんだな」と言いました。そして私たちは期せずして、雪中に転げ落ちた握り飯に注目を集中させました。そのうちもなかなか吹雪は止みませんでした。

夏の真っ盛り日でしたが、村のある山際の家に手紙があったので、畑の中の細路を近道とって見寄せに（見当をつけて）行きました。すると粟畑の粟が二尺ほどに伸び揃って、ちらほら穂が出ていましたが、その間の一叢の一部分が頻りにざわついて動いているので、何事であろうと思って、十尺ばかりの間隔を取って立ち止まって凝視していますと、それは蛇と猫の争闘でありました。私はその取り組みがちょっと珍しかったものですから、ほとんど不動の姿勢を守ってそこに突っ立って、その成り行きを見物しておりました。

もっともその蛇ですが、二三尺の小蛇ならどんな猫でも平気で捕って来ますが、その時の蛇は少々大きい方のものでした。五尺以上もあったと思いますが、それよりも太さが青竹竿……といっても見当がつきませんが、ちょっと鉄道のレールほどに見えました。もっとも無毒の青大将という奴でしたが、極めて勇敢で、勢い込んで猫に飛びつく時には、三尺ぐらい飛び上がり棒立ちになるのでした。その都度猫は横飛びに四五尺飛び去り、体を縮めて攻勢をとり、蛇の目を目がけて爪で引っ掻くのでした。とにかくそんな闘争がものの、やや小一時間も続けられました。私も根気よく見物しておりましたが、どっちも追々に極度に疲れきってしまって、しまいには蛇もいくら努力しても一尺ぐらいしか頭が上がらなくなり、また猫も例の横飛びをしようとしても、もう二尺も跳ねることが不可能になりました。

私はこれは双方とも危機に直面したなと思いました。どっちかと言えば、この場合はより多く猫の方が自由のように思われました。それが逃げ退いてしまえば、この争闘は両方無事に結末がつくと思いましたが、猫もどういう関係か、もう逃げる気力が無くなっているようでした。いやいやながら、じりじりと魔法にでもかかって、今は死ぬのを覚悟で、闘っていねばならないようなふうがありありと見えました。

　これは不思議なものだなア、私は運命というようなある悲壮な感じさえ胸にこみあげてくるのを覚えました。そしてまた私自身も目に見えぬ縄で縛られたようになって、そこを立ち去ることが出来ないような気がしてまいりました。そのうちに猫は飛び退き損じて畑の畦（あぜ）にころころと転びました。それに蛇はいち早く飛びついて絡み着きましたが、もう締め着ける気力がなく、ただ腹を白くして迂（まが）るばかりでした。そして猫もその時は四肢をぐうと踏み伸ばして、双方折り重なったように地面に平たくなり、余息えんえんというふうでした。そのうちにほとんど同時に双方とも真っ赤な血を吐（は）きました。そして死んで行くのでした（山里や村々を配達する場合は、こんな風景をいろいろ見聞するもので御座います。私はこんな話をし出したら、あとからあとからちょうど泉の水のように追憶が湧き出してまいります）。

（以上、第二回）

熊に追われた話

私はいつものとおり郵便袋を背負って、例の仙人峠という所を、向こうの丁場から帰って来る途中、もう秋の夕方でありましたが、ふと路傍を見ると、なんとも見事な舞茸（まいたけ）がぽろりと落ちているのを見て、これはこの辺の山中にこれがあるんだなあ、ひとつ取って行って、局長さんや局の人たちを喜ばせてやろうという発心をしまして、袋を背負ったまま深林の中に入って行ったのでした。もうそこに入ると、どこからとなく茸（きのこ）の香りがプンとする。ほうあるなと思うと身も軽く、心も踊るような気がしました。

沢を一つ越すと、あたりは人の足跡が繁（しげ）く、大部採り荒らされていましたが、それでも椎茸（しいたけ）、しめじ、舞茸の小さいのが、どの樹（き）にもどの樹にも鱗（うろこ）のように附いておりました。しかしそれは食膳にのせるには上等ものですけれども、採る方になればあまりにおさない。この奥に少し入ったら、どんな逸物（いちもつ）が自分を待っているかと想像されるので、私は我知らずに沢の奥へ奥へ踏み入ったのでした。

深林の中は恐ろしいほど静寂です。静寂というよりは海底の暗黒を思わせるような沈鬱（ちんうつ）な気分が籠もって、一種ひやりとする朽ち木の腐蝕（ふしょく）する匂いが一杯に漂うているのでした。私はただ一心によい茸を取りたいという気持ちばかりで、四辺（あたり）をきょろきょろ見廻（みまわ）しながら進んで行きますと、目の前に太（でか）い半朽の樹が現れまして、その幹部一面にそれこそ見事な舞茸が一面に密生しておりました。私は宝の山に入ったような歓喜をもって、その茸をひとつひとつ採っておりました。

茸があって夢中になって取っているうちは、ちっとも気がつきませんでしたが、いいのが少なくなったので、樹の裏の方にひょいと廻ると、驚いたことにはそこに大きな熊の奴（やつ）が樹蔭（こかげ）に体を潜めてじっと隠れているのでした。私は思わず知らず、「ヤッ」と言って飛び上がると、熊ものっそりと起き上がって、私の方に突進して来ました。私は反撥的（はんぱつてき）に逆転すると、二三間後戻りして逃げ出しましたが、あまり狼狽（あわて）たために木の根につまずいて蹴飛ばされたように突んのめって行って倒れてしまいました。そして、「これはいけない。俺は彼奴（あいつ）に食い殺されるかも知れない。先だってもこの山続きで村の者が熊に出会（でつくわ）して、死んだ振りをして熊の奴に睾丸（こうがん）を掻き取られて大怪我（おおけが）をしたのだが、これは俺ももう生命（いのち）はあるまい。とにかく仕方がないから、奥の手の死んだ真似（まね）をしてみよう……」で危機一髪の場合だ。死ぬか生きるかの瀬戸際である。必死の覚悟で息を殺してぴくとも動かず死んだ振りをしていました。

すると案に違（たが）わず熊の奴がのそりのそりとやって来る気配が体に感じられます。一番閉口なのは所謂（いわゆる）熊の一こぶしで、一撃のもとに撲（う）ちのめされるのが怖いのですが、またよく人間の脇下を擽（くす）ぐるものだと聞いているので、それをやられては我慢が出来まいと思いました。とこう思っているうちに、私の首筋に、フウフウと生温かい息が吹きかけられました。おややって来ちょるな、死んでも俺は動くもんか、こう思いつつ心の中ではあらゆる神様仏様、ことわけても一代の守本尊普賢菩薩、あたりの産土神様（うぶすながみさま）やここの山の神様、助け給え救わせ給え、助けてくだされたら餅も搗いて上げます、御神酒（おみき）をもたっぷりと献上いたしますと、心を火にして一心不乱に祈り続けました。

熊の奴は私の体をあっちに転ばしこっちに転ばし、暫時（ざんじ）翻弄していましたが、なんと思いましたか、私の体に両手をかけてブンと谷底の方へ投げ飛ばしました。私ははずみを食らって谷底にごろごろと転倒して行きました。幸い山は黒土のほとんど石塊など無いといってよい個所であったので、私は少しの怪我もなく、谷底の小流れの傍らに行って止まりました。恐る恐る目を開いて見上げると、熊は頗る悠々と峰の方へ行き隠れるのでした。私は郵便袋の緒を締め直すやいなや、どんなにそこから逃げ出したか、皆様にはお分かりになりますか？

（以上、第三回）

集配人一家の悲劇

これは実話である。某所（仙台逓信局管内）の小さな町での出来事、その町の郵便局に永年（三十年も）勤務していた老集配人があった。至って小心の正直者であって、常に町の人たちからも善良な配達屋さんとして評判者であった。ある日、自分の配達区域内の某所に来た為替（だと称する内容の封書）の紛失から俄然問題が起こったのであった。私は今仮にその人の名前を、与次郎さんと呼んでおく。

　与次郎さんの気持ちでは、確かにその手紙を名宛人の家に持って行って家人に手渡したと思っていた。その為替の入ったという内容の封書が、書留であった場合以外に、一々配達証明の照査がないかぎり、局では確かにそんな手紙があったような気がすると言い、集配人は確かに配達したと言っても、名宛人が確かに受け取らなかったと言えば、問題は混乱に墜ち入ってしまう。その封書の内容が為替であったという証拠には、巨細に名宛者において蒐集されてある場合、疑点と落度はただに集配人に係る。これは是非ない次第の話である。

　我が善良なる与次郎配達は、ここに至って極度の煩悶と困憊の極に達したのであった。そして郵便局には病気届を出して、家に引き籠もって寝てばかりいた。ちょうどその頃は夏蚕の四眠前後であって、暑さの盛んな日が続いた。家族の者らは、「父さん、そう毎日鬱いでばかりいても仕方ないから、元気を出して外へでも出てみたらどう。何も父さんが為替を抜き取ったものでもあるまいし、今に黒白が分かるんだから心配しない方がいい」と言って慰めると、「俺はどうしても皆様に合わせる顔がない。もしかしたら誰か俺が盗み取ったと思っている人があるかも知れないからな」と言って依然として家に引っ込んでいた。

郵便局の方でも、与次郎爺に限って決してそんな悪事をするようなことはないと信じて、出来得るだけ調査をしてみることとした。そして与次郎が何日までも仕事に出ぬなら、自然と生計の方にも影響するであろうから、まず出勤するようにと、局員がわざわざ家に行って本人を説諭して、手を執らぬばかりにして連れて来て鞄を肩にかけさせた。

その日、家でも安心していたが、いつも午後の三時頃、遅くて四時までには必ず帰って来る父親が、夕方になっても帰って来なかった。家族は心配して近所隣りの人たちを頼んで山川を探し廻ると、塩原という野原の夏草の繁った中を、さも大川でも渉るような格好をして、鞄を極めて大切そうに抱え込みながら、「ああ深い、ああ深い」と言って、あっちこっちを漕ぐように歩いていた。

それから町では、可哀想に与次郎さんは気が変になったそうだ、狐に憑かれたそうだという評判が立った。

もちろんそう乱暴を働くでもなく、時々町に郵便物を配達するような様子で、「はい郵便で御座ります。書留だからこれさしっかり印コ捺してください」というようなことを言いながら、一軒々々古新聞を小さく切った紙屑などを配って歩いていた。町の人たちはそれを見て、皆可哀想だと言わぬ者はなかった。

「私は三十年の間一度も事故を出したことはなかった。それだのに今度Hに来た為替が無くなった。人様は与次郎配達が取ったべと言うだろう。俺アそんなことはしねえよ」、こんなことを口癖に言うようになった。家では養蚕をしていたので多忙最中、ある日与次郎は朝から桑切庖丁（くわきりぼうちょう）を一生懸命に磨（と）いでいた。それは二日も続けて磨いでいるので、家人はただ家業の手伝いをするためとばかり思って、別段気にも留めずに居た。

その日、近所に嫁いでいる娘や姑（しゅうとめ）などが、父さんが病気だというので見舞いに来て夕方まで話し込み、「今夜は泊まれ」と言うのに、姑は、「家の方も心配だから帰ろう」と言って帰ったが、娘は、「久しぶりで来たから私は泊まる」と言って、遅くまで養蚕の手伝いなどをしていた。そうして家族七人枕を並べて寝についたのは夜の十一時頃で、その夜はまた名状し難いような蒸暑い夜で、寝苦しいことったらなかった。どっか隣家かどこかの時計が十二時を知らせると、与次郎は床（とこ）の上にむっくり起き上がって、まるで盗人のように忍び足をして、仏壇の前に寄って長いこと何か口の中で呟（つぶや）いていたが、床に帰って来[illegible]た手には[illegible]った。そして傍らに寝ていた妻女の上に馬乗りになって、ざくりとその寝首を[illegible]き切った。

それから十九になる娘、五つになる男の子、十三の娘、二十三の他へ嫁に行っている娘と、順々に首を斬っていったが、大きな娘の首を切る時、娘は斬られながらに目を覚まして、「父さん何をするッ」と叫んだ。「お花許せッ」と言って、強く庖丁を押すと、娘の体は物をくずすようにそのままがくりと倒れて行った。その物音に十五になる男の子がふと目を覚まして、見ると父親が姉を殺しているので、驚いて飛び起きざま夢中で表に逃げ出した。すると父親は、「もぜが(可哀想だが)、お前ばり(だけ)助けられねえ」と言って、それを追いかけて来た。子供が往来に駆け出すと、背後から父親が追い迫って、「幸治も死ねッ」と言って、ぐざりと肩先に庖丁を切り立てた。男の子はツンのめるように電信柱の傍らに倒れてしまった。

それを見て与次郎は、幸治も死んだものと思って家に引き返した。五つになる子供だけがもう完全に事切れていたそうであるが、他の者どもはまだびくびくと顫動して、呻いていたそうである。与次郎はそれらに一々止めを刺してから、血の海のような中で、姿勢の乱れた屍を五つ集めて頭を揃えて北枕に直しておいた。そして幸治の屍が不足しているのに気がついて、それを探しに往来に飛び出して探したが、どうしても見えなかったので、どこまでもどこまでもそれを探して行ったのであった。

(以上、第四回)

集配人一家の悲劇（続き）

前号からの話を続けて、実見者の談話を記録していく。

与次郎配達の家に惨事があったという報告は、隣家の妻君の口から町へ広がった。蚕に供桑をしていたが、与次郎の家で、なんだか変な呻き声がしているので、不思議に思って行って見ると、プンと生臭い匂いが鼻に来て、そんな惨状を見たのであった。それからこの女房は驚いて、折からその夜、町に活動写真が立っていたので、その活動小屋に怒鳴りこんで行った。「皆さん、大変だ！　与次郎さんの家内が殺されている」、「なに、火事だ！」、「殺された」というような騒ぎで、青年団、消防組などが駆け付けて見ると、これはまた皆度胆を抜かれてしまって、家の中に踏み込める者はなかった。

「さあさこういう時には、親類第一だ。おい与三郎さんは居ねえか？」で、第一に与次郎郵便の弟の与三郎というのが呼び出されて、群衆の中を分けて家の中に入って行った。そして、「さあさ町の方々、手伝ってください。これは他から入った者の仕業ではありますまい。兄貴が発狂したのであろう。家の中に隠れているかも知れない。探してみてくださ い」と言った。群衆の中には尻込みする者もあったが、こうして居られるべき場合ではないから、まず警官が真っ先に踏み込んで、家の座敷から寝室、物置までも、隈なく探してみたが、与次郎の影も形も見えなかった。これは外に違いがないということになり、町の上下は挙って大騒動の巷となった。
そのうちにもう夏の短夜はしらじらと明けかかった。町の裏垣内（裏庭）から、神社寺院の境内まで探したけれども、与次郎の姿は見えなかった。実見者Aは当時の消防組員であったが、Aの属した組が二三十人、町続きの桑畑の方の捜索に従事していた。こういう非常時には人の心は実に妙なもので、自分たちは殺人犯人をこうして極力捜索していながら、なるべく犯人に出会さねばいいが……という願いが絶えず胸中にあった。草叢ががさッとしても、それや与次郎さんが！　といったふうで、皆が逃げ足になった。だからなるべく自分たちの気配を聞きつけて、先に逃げるか隠れるかすればいい、なおまた縊死でもしているところは見たくないと思いながら、空元気を出して、がやがや騒ぎながら歩いていた。

Aの連中が町裏の大きな川の岸に下りる崖のところに行った時、不意に藪蔭から、与次郎が出て来た。その態は、手には夜中に妻子五人も切り殺した桑切庖丁を構えて、「寄らば斬るぞ！　寄らば斬るぞ！」と言いながら、血走った凄い目でじっとこっちを睨みながら、崖をのそりと上がってきた。連中は、「わッ」と言ったまま五六間後戻りして逃げ出した。

犯人を見付けたという合図で町中の人たちが皆寄って来た。けれども何人も、出て与次郎を捕える者はなかった。結局やはり弟の与三郎の番になった。与三郎は悲壮な顔をして前に進み出て言った。「兄貴、局長さんがお前を案じていなさる。お前のせいにはしねえ。お前は何でもないんだ。その庖丁を捨てなせえ。町の人たちに申し訳がねえ」と言うと、肉親の縁血で与三郎の目からははらはらと涙が流れ出た。

それを見ると与次郎は、「うん与三、許せ」と言って、庖丁を背後にブンと投げ棄てた。こうなれば皆強くなるものである。どこにもある正義の勇者が跳ね出て、「与次郎！」と声がけをして縄をふんがけた。

×

もちろん、与次郎は発狂の上の仕業である。日頃の同情も集まって、自分の家の座敷に牢を造って入れられていた。そして町から扶助されて、親類の老婆がついて日常のこと、食事のことなどはさせていた。

生き残った幸治は、首筋から肩にかけて切られて、幾十針かの縫着をしていた。それでも父親のことを案じて、牢に見舞いに行くと、父はなぜか大暴れに暴れ出して見ていられぬので、泣きながら帰った。そして学校に行っても、友人から父のことを種々言われるので、それが辛くて他の町の方へ奉公に行ってしまった。

与次郎は冬までその座敷牢に居た。ある日附添の老婆が居ない折に、火鉢からか火が洩れて座敷牢に火が移った。そして自分も家も全焼になって、やっぱり悲惨な最期を遂げた。これは大正十二三年頃かの話である。

（以上、第五回）

電報と呼んで押し入った盗人

俗説に、強盗がよく夜半に「電報々々」と呼んで、寝静まった家の戸を開けさせて押し入ったという話を聞く所であります。もっとも今日の泥棒はそんな旧式な手段では押し込みがきかなくなったことと思いますが、しかし普通の家なら、たとえ夜半でも、「電報」とか何とか、配達さんに声をかけられたら、無造作に戸などは開けようもので御座います。

こんな話も昔は実際にあったのです。ある小さな町での出来事でありましたが、薬屋を営んでかなり小金を貯めているという評判の寡婦がありました。なかなかの締まりやで、「下男下女を置けば自然費用もそれだけかかるが」と言って、独りで居ては第一不用心で寂しいという所から、遠縁に当たる者の少年を連れて来て丁稚代わりに使い、たった二人で暮らしておりました。

その家にある春先の夜、夜半に、いきなり雨戸をどんどん叩いて、「電報々々」と言う呼び声があったのです。折も折、そのおかみさんの親がある海岸の町で老衰病を病んでいて、「もしいよいよダメらしかったら電報をやるから、すぐ来て会ってくれ」という手紙が先に届いている矢先でしたので、寡婦さんはその声に驚いて、少年を起こすのももどかしく、自分で飛び起きて玄関に行き、「はいはい、ただ今開けますから」と言って、心急(こころせ)くまま鍵を外すのも遅しと、雨戸をがらりと開けると、その途端に外の電報屋が突然内に入って、おかみさんを捩(ねじ)り伏せ、とんでもない早業で猿轡(さるぐつわ)をはめて、座敷の柱に縛りつけてしまいました。

そして定(き)まり文句の、「金を出せ、出さぬと承知しねえぞ」と言うのです。寡婦さんも初めのうちは出来得るだけ抵抗もしてみましたが、もうとてもかなわぬと観念をしました。そして本当に殺しかねまじき気配なのに怖(おそ)れて、有り金をいくらか遣りました。少年はその騒ぎの中、ぐっすり眠って何も知らなかったということで御座います。

郵便と五色の光

「信州諏訪(すわ)の狸と狢(むじな)」という話を書いた有賀恭一さんという人の記事にこういうことがあります。私（有賀さん）が十二歳の時、小正月の十六日の晩のことでした。両親は名題の芝居が小屋に来たので、見物に出かけ、私の兄弟たちや近所のお友達らが寄り集まって歌留多(カルタ)をやって、負けた者の顔には墨をつけることにして騒いでおりました。

そのうちに九時頃になって、蜜柑(みかん)の皮をむいて食べていると、いきなり土間の戸ががらりと開けられて、早口に、「郵便々々」と言う者がありました。私はランプを持ってすぐに出て見ましたが、誰も居なければ、また郵便物もありません。どんなに探してみてもついに一枚の葉書すら無かったのです。

それから十一時頃でありました。一番後まで残って遊んでいた友達の一人が、「もう帰ろう」と言って庭に出て行きました。そして出るがはやいか、「キャッ」と一声叫んで何だか倒れたような様子です。私と弟がすぐに飛び出して行って見ると、案の定、友人は尻餅をついて、うんうん呻っているのです。「どうしたや、どうしたや?」と訊(き)くと、やっとこさ口をあいて、顫(ふる)え声(ごえ)で、「柿の木の葉は皆赤や青や黄色やいろいろに見えてきらきらしているし、庭の土や石は金や銀にぴかぴか光るし、なんでもかんでも四辺(あたり)は五色に光っていて、とても眩(まぶ)しくて歩かれねえ」と言うのです。元気のよかった弟は、「そんなことがあるもんか、柿には葉など一枚もねえだ。庭は雪だけだ。しっかりしねえか」と言って、気を落ちつかせました。すると友人はいくらか正気に返ったらしかったが、なお暫(しばら)くぐずぐずしていました。

私は脱げた下駄を履かせたり、引っ張り起こして、弟と二人で三四町の道を彼の家まで送って行きましたが、友人はどうもよろよろしてよく歩けませんでした。帰りに家の露地へ入った時に、どういうものか怖(お)っかなくて困りました。弟と二人で、親たちの帰るのを待ちあぐんで炬燵に入って怖々していると、やっと父母は帰りました。私がすぐにあった次第を話しますと、父は、「狢の野郎まだ居るかな、ふんとに（本当に）困りもんとも何とも」と言っておりました。

この話は、小正月の夜、子供ばかりの所につけ込んで、「郵便」などと言って驚かす手段は田舎らしくて面白いと思います。外は一面に雪の景色、正月中折々こんな家にも年賀状などが「郵便」と言って来たのでありましょう。その訪れを聞き知っていた狢の奴の正月の悪戯として面白い話だと思いました（『郷土研究』七ノ四）。

狐に騙された話

源爺の話です。

私（源爺のこと）が配達夫として初採用された頃、町の郵便局からの集配区域は前に申したとおり三里ぐらいの範囲、そのうちにはもちろん小山もあれば野原もあるといった地勢であったのです。ある日の午前、郵便局から村へ帰る途中、八幡山というて昔から悪い狐の居るという話の山中に差しかかりました。しかしいつも夜昼通して歩いている慣れた道、どこにどんな木がある、石があるかも知り抜いている道、それに午前の太陽が気持ちよく松林の中に照射しているという、ほがらかな景色じゃありませんか。いい気持ちで急いでいると、向こうから家の飼い犬がちょこちょこ尻尾を振りながらやって来ました。それを見ると、私はその犬が可愛くて、「おおよく来た、よく来た、俺を迎えに来たのか、御褒美をやるぞ」といったような調子。

犬は嬉しがって私に飛び上がったりして、前に立ってちょこちょこ歩き出します。自分も何気なく犬の後をついて四五間歩いて行きますと、どきンと額を松の樹の幹に打ちつけた。はっと思って正気に返ると犬は忽然と消え、子供に遣ろうと思って、町の出端れで買って懐中して来たお菓子も消えて無くなっておりました。

（以上、第一〇回）

見世物追憶

　見世物はどうしたって都会地の産物であります。田舎では、多勢の人数を寄せ集めて奇利を博さなければならぬ条件から、そう気の利いた物などは廻（まわ）って来ないのが当然でありますます。従って田舎者の見世物話などは間が抜けた物の好標本であるかも知れませぬが、その間抜けさ加減もまた田舎者でなければ語り得ぬ特長かも知れませぬ。私は目安をそこに置いて、田舎者の間抜け話を始めて見せましょう。どういう理由でも現代において、多少に拘（かかわ）らず面白くかつ可笑（おか）しかったら、人生にそれだけの幸福の分量が加わる訳であるからです。

蛇呑（へびの）みの女

　ある年の秋季の九段の招魂祭の時のこと、私は「蛇使いの女」の見世物に入って見たことがありました。その蛇を使う女というのが、二十歳ばかりのちょっと色白の小綺麗な女で、五尺四方ほどの赤毛布の縁囲（へりかこ）いの中に居て、何やら頻りにかしましやかに喋言（しゃべ）っておりました。その女の居る囲いの内には黒蛇赤蛇縞蛇（しまへび）青大将の類、大小無数のものがうようよと縦横無尽に這い廻っているのでした。それよりも驚いたのは彼女の内股、膝の下からふところから袖から、首、頭髪の間、身体中どこもかしこもほとんど蛇の居ない個所がないという状態であったのです。

その女は膝頭のところに這い廻っている中から、三尺余りの青大将を一匹取り上げて、その蛇に自分の乳を飲ませるというのであります。いよいよ女は乳房を出しましたが、それがまた毎日毎夜幾度もそんなことを行るのでありますから、両方の聖書の形容ではありませんが、花野の中に伏し寝した小鹿のような可愛い乳房が、あろうことか蛇歯のために赤爛れに爛れ、それに何かの白色の膏薬を塗っていたのを静かに剝がして、蛇の口をその肉辺に持って来ました。するとその蛇は餓えているように乳房に吸い着いて吸うのです。そうして漸々と体をだらりと長く伸ばして、うっとり眠ったごとくになっております。真っ白い若い女性の肌にどす黒い蛇体が食い着いて下がっている態はたしかに驚畏に価するものでありました。

これからの蛇は
冷たくて仕様が
ありゃしない！
もうお乳吸うのも

いい加減にしないかえ……

その女はこんなふうな言葉を歌うように言って、乳首に恍惚(うっとり)として吸い着いている蛇を静かに取り離しました。するとそのあとから乳汁の白い液と赤い生血とがほとばしるように出て、白い肌の上にさっと糸を引いたのが少なからず凄艶(せいえん)な光景でありました。

それが終わると、今度はいよいよ蛇を呑むというので、私はかなり長い時間を小屋に待たされました。やっぱりその女でありまして、前にのろのろしている二尺ばかりの小形の蛇を一匹取り上げて、濡(ぬ)れ手拭(てぬぐい)でもって蛇の体をさっと一扱(ひとしご)きしてから、口に持って行きましたが、「ああこの畜生、辛(から)いッ」と言って、床(ゆか)の上に叩(たた)きつけました。それから数多(あまた)の蛇の上をじろじろ視(み)ておりましたが、その中から同じく二尺ばかりの縞蛇をとり上げて前回と同様の手当てをしてから、蛇の頭の方からそろそろと自分の口に入れ詰めました。女の顔が見る見る赤くなって行く、それに連れて蛇の体がだんだんと寸尺が詰まって、一尺五寸が一尺となり、一尺が五寸となり、五寸が四寸三寸二寸と消え、最後には細い釘端(くぎはし)のような尻尾(しっぽ)だけが赤い唇(くちびる)の間から僅かに出て、びくびくと振れ動いております。芸がそこまで参りますと、女はげえッと吐(は)くような真似(まね)を二三度すると、どうしたものか先に入った頭の方が白い歯の間から少し現れました。するとその頭を取って口中からずるずると引き出した蛇の体には、ねらねらした唾液(だえき)が総体に粘着していて汚いと言うてよいか、無気味だと言うてよいか、全く言語に絶した実に文字通りに顔を蔽い、脇に唾を吐かねばならぬ場面であったのです。これは彼の美しい若い豊艶な女と女の肌、そして青黒い一筋の蛇というものを併せて考えなくては、そうしてどうしても一度は見たことがない人には、ちょっと想像も出来ない異様なものであったというより外に語がないようで御座います。

蛇使いの女

私自身の経験ではないが、村の人たちが大槌という浜の町から山越えに遠野の町へ来る時、途中の和山峠という山中の茶屋に立ち寄ると、二十五六ばかりの旅の女が憩んでいた。この辺ではちょっと見られない垢抜けした女なので、皆がそれとなく注意していると、その女は莞爾と笑って、「私は旅の者ですが、実は蛇使いだから一芸見物してくださりませんか。もっとも私はそれが職業だから、芸をすればそれだけの見料を頂戴しなければなりませんが、それもこんな山中でもあり、また皆様は正直なお百姓方で在られるから余分な物は頂戴いたしません。皆様で五十銭御奮発なすってくださいませんか」と言うのでありました。

女はそんな美人でありますし、若い人たちであったから、向こうが五十銭でいいと言う所に、一円出して、「それでは姐さん、どうか一つ遣って見せてください」と言うと、その女も大した乗り気で、「それでは早速取りかかります」と言って、傍らに置いた風呂敷の中から小さな竹行李を出し、その中から二尺ばかりの烏蛇のような黒いのを一匹出して、暫時は宛然愛玩でもするように手中で弄んでおりましたが、そのうちにふところに入れ、そして衣物の裾をまくって、内股から這い出させて見せました。

村の男たちが、その旅の女のデリケートな内股に異常な興味を覚えたことは言うまでもありません。その女は、「これから本芸なんですよ」と目許で笑いながら、そして、「さあさ熟くお気をつけて御覧なさい」と言って、その蛇を指でつまみ上げて自分の Vagina の中に徐々と差し入れてやりました。そしておよそ六七寸ほど入った時に、「何の仕掛けもありません、正真正銘にこのとおりここに enigo しているのです。よく御覧なさいませ」と言うて、頻りに tario を振りますと、蛇は垂れ下がって白い腿をどす黒い体でぴたぴたと打たせたという。とても珍しい見世物だったと申します。

こういう蛇使いのことは昔からあったと見えまして、天正年中（今から三五四年前）に既にそのことの記事があるといいます。蛇使いの蛇は初め捕えた時、木綿のキレで取り逆しまにしごけば、鱗の縁に極く細かな刺のあるのが皆木綿に着いておちる。また口を開けて木綿ギレを含ませて堅く詰めて引き出せば、細かなる歯が残りなく取れて、蛇は力なく弱りて使うに自由になる由である。餌は鶏卵を解き匙で少しずつ与えて飼う由聞けりと

『嬉遊笑覧』に書いてあります。

山男になった村の男

先年北海道に博覧会があった時でした。連れの者が宿屋に帰って来てから言うことには、「俺は今日珍しい山男の見世物を見て来た。当たり前の山男の見世物なら、何もこうして皆様に報告するだけの価値などはないのだけれど、今日見たのは、村の豊松だったよ」と言うのでした。皆は驚いて、色々と訊き糺したあげく、ついに、「それでは明日その小屋へ行って見物しよう」ということになったのです。

連中は皆、その山男の見世物を見物に行くことになりましたが、予めその山男に吾らの一行が気づかれないようにしなくては不可いこと、それには成るべく一人二人ずつ散り散りに行って見ようということでありました。旅の徒然ですから、もちろん私も行って見ることにしたのです。

今でも明瞭に記憶を呼び起こすことが出来ますが、その日はとてもじりじりと暑い日でありまして、私は連れと二人でその盛り場にゆきました。そこにはまず第一に天勝の奇術、剣舞、アイヌ娘の追分手踊り、熊祭り、動物園、その他種々雑多の物の間に、吾々の見たいその山男の一座もあったのです。男は髪を長くして額にかぶり、顔は黒い垢だらけ、あるいは何かの炭灰でも塗ったものか凄いほどで、口は耳の根まで隈彩をしていました。口上使いの言う所に依れば、側に寄ると乱暴をするから近づいてならぬこと、茶碗でも皿でも、これこのとおりに食うこと、常食は鶏でも何でも生食をすること等々で、また茶碗や皿などは幾枚もがりがり歯で嚙み砕いて見せました。そして檻をがたがたと揺るがしたり、飛んでもない大声を出して叫んでみたりするのです。

けれどもよく見ると、なるほど四五年前に村から北海道に渡った、豊松という男に相違ないのでした。私は、「もしか向こうから見取られるようなことがあっては気の毒だから、もういい加減にして出よう」と言って、そこを出たのでしたが、翌日かに行ってみた連中には、その山男になっていた豊松が、全く気の利いた風采で小屋の外かに待っていて、「久しぶりだった。どうもこの二三日前から村の人たちに来て見物されるので、気が気でなかった。国へ帰っても、俺がこんな職業をしているということを話さないでくれ。実際芸を演っているうちでも、何時お前たちに声をかけられるかと思えば、いっこう落着かなかった云々」と言って、近くの料理屋か何かに連れ込まれておごられて帰って来たということでありました。

青年の時、まだ明治四十何年時代ですが、私は巣鴨の宮下という淋しい畠中の部落の百姓家の座敷の間借りをしていたことがあります。その頃、明治女学校という女学校があの辺にありまして、その附近の森の中に何とかいう神社がありました。まだ如月頃の薄寒い夜でしたが、宿のお嫁さんが（こう言えば何となく情緒がありますから）、「今夜××さんのお祭礼だから行ってみませんか」と誘うので、その気になってついてゆきましたが、どうしたものか、大層遅かったものと見えて、その森中の暗い境内には、社殿の所に小暗い灯がぽっかり点いているだけ、四辺は極めて深静としておりました。

ただ木立の蔭にほんの四五人の人だかりがしているから、何だろうと思って立ち寄って見ると、それは安達ヶ原の鬼婆が産婦の腹を裂いて赤子を引き出し食っている場面の、よくある彼の人形だったのであります。今私がただこう言ってしまえば、いっこう何でもない普通のことでありますが、その頃、彼の辺の森の中の古い社の真夜中に、その人形が見物人もない所でそんな芸を演っている態は、ちょっと類のない無気味な鏡花式なものでありました（その頃は私たちのなかまに大層鏡花氏の小説が愛読せられておりましたから）。その奇怪な印象であったことが、今でもまざまざと思い出されるようでありました。

源氏節の誘惑

その頃音羽の橋際の所に、何とかいう寄席(よせ)がありまして、よく源氏節がかかっておりました。歌人の前田夕暮君などがその方の通(つう)なので、その驥尾(きび)に附してよく見物に行ったのでした。今日の青年たちでしたら、所謂(いわゆる)ダンス・ホールとか何とか、ああいう気分の所かと想像しています。もちろん、ただ人の踊るのを見物して来るというだけのものでしたが、畳の上に寝そべりながら、センベイだったか、南京豆(なんきんまめ)だったかをぽりぽり噛(かじ)りながら、それらの白赤の色彩の豊艶な娘たちの露骨なエロチックな所作を、恍惚(うっとり)として見物しておった気分を時々思い出します。

河童(かっぱ)

これは村での話。先年のことでしたが、村の鎮守の祭礼の時に旅の見世物で、「河童」というのが来ました。およそ三尺径ぐらいの円形の、俗に言うハンジョウとかハンギリというような入れ物に水を一杯に充(み)たしておいて、それに時々丹波(たんば)の国とかで生け捕られた河童だというのが飼われていて、おおよそは水底に沈んでおりますが、時々水面に浮かび出て顔や体の一部分を見せるのです。

その河童というのがちょうど絵にある、あれのような格好の物で、即ち頭には皿を頂き、髪は所謂おかっぱらで、眼がぎろりとし口先がとんがらかり、時々手だけ水中から出すのを見ると、成程水掻などもちゃんと有し、体全体としては赤ン坊などよりは少々大きいかな……と思われるほどの、やや青黒いものでありました。見物人には時々手や足や、そしてまれには体全体をちょっとの間出して見せることがありましたが、とにかくこれが大層評判で、私も見に行ったような訳であります。もちろん馬鹿々々しくて見ておられぬような物だったことは申すまでもありません。

村での名うての乱暴者の連中が、はてあれは何だろう、まさか生き物でないことは分かりきっているが、そうは言っても果たして何だろう、その正体を見届けなくてはならぬというようなことで、その見世物小屋の前の掛茶屋に二三人連れで行って少々の酒を飲んで、酔った振りをして喧嘩（けんか）を押っ始め、取ッ組み合って、じりじりとその見世物小屋の方へ押して行き、そこで大きに揉（も）み合うと、自警団や消防の連中も行き、兼ねて合図があるものですから、取ッ組み合いがいよいよ烈（はげ）しくなって、揉み合いの輪がだんだんと大きくなる。そのうちに一部の連中がどっとその河童の大桶の方へ押して行き、間違った振りをして、その桶を五六人で引っ繰り返すと、桶の下が空（うつろ）な箱になっており、そこに十三四歳の小娘が潜んで頻りと小糸を操っておったという。そうしてその河童は瓢箪細工（ひょうたんざいく）のものであったといいます。

さあそうなると太夫の方では、営業妨害だの、損害賠償だのと言うて騒ぎ立てる、若者どもは過失だ、それよりもそんな物は河童か、詐欺偽瞞だという騒ぎになってごたごたしましたが、結局あいまいになって事が済んだようでありました。当世田舎にはいまだ江戸時代にあったような、こんな見世物もあるのであります。

物言う猫

先年のことですが、近くの町に物言う猫が現れたと言うて評判でありました。その猫が物を言い始めたのがなんでも秋寄ったある夜のことで、その町端れの家で、夜更けに炉辺に主婦とともに居りましたが、だしぬけに、「女将さん、何時で御座ンすべ」と言ったという。まるで昔の人の随筆にあるとおりの話でありました。なおまたこの町の年中行事中の一つである、旧暦十二月の十四日かの阿弥陀さんのお祭礼の時などは、家に居て終日念仏を申したなどというもんですから、さあその家には毎日見物人が押し寄せたのでした。

実際に行って見た人の話によりますと、炬燵の上に三毛猫が一匹上がっておって、その傍らに例の女将が居て、「三毛々々、お前は幾つになる」と言えば、「ニャンニャン」と言う。そう言えば女将は、「ああ三歳か。それじゃ明日お天気がいいかえ」と言えば、「ニャン」と鳴く。そうすれば、「ああいいのかえ」といった調子だったので、いっこう面白くなかったが、とにかく人の齢（とし）の数とか月日とかの数を、「ニャンニャン」とその数だけを言う。後で分かったことに依りますと、炬燵の上に載せておいて、掛布団に小穴を開けて、その中に猫の尻尾を入れさしておいて、女将が物の数だけを捻（つね）ったといいます。これなども一時はなかなか評判でありました。

曲馬団の死人

ちょうど十年ばかり以前のことでありましたが、盛岡市の桜山神社の祭礼の時にかかった、何とかいう曲馬団の一行の遭難のことを今でも想い出すと、不思議な哀憐と、そしてまたああいう団体のことでありますから、奇怪な感情にもとらわれるのです。これは私の目撃で、その日は老人らをも連れて見物に行っておりました。

ちょうど午前十一時頃でありましたが、どこでもやる、彼の小屋の一番高い所に仕掛けたブランコに、十一二歳かとも思われる少女がぶらさがり、それに四十歳ばかりの大男が飛び着いて、その頂上で何かの芸当を演（や）るというのでした。その時、何か芸の順でその男が少女の手を執ってだらりと体を吊（つ）り下げてから尻上がりに、ブランコの横木に足を引っ掛けようとした時、力が足りなかったか、その少女が手を放したものですから、その瞬間二人ともおよそ五六十尺ばかりの高さの所から、下の敷板の上にどッと落ちて来て、ドッインとちょうど板でも叩(たた)くような異様な物恐ろしい音を立てて撲(う)ちつけられたのでした。男の体の上にその少女が乗ったような工合でしたが、下に落ちると少女は跳ね返されて五六尺向こうへ跳ね飛ばされました。その男は三度ばかりウン、ウウンとちょうど犬の吠(ほ)えるような声を出して唸(うな)ったと思うと、背中を弓のように反(そ)らして引っ繰り返ったのですが、その時楽屋の方から五六人の男どもが応援に出て来て、たちまちにその男を担架に入れて内へ担ぎ込みました。そしてついに午後の三時頃には落命したということでありました。

その男と共に落ちた少女は、午後の芸にはもう何時ものように出演していたといいます。それでも、芸のプログラムは中止をしないで続け、その次の芸は、一本のハリガネを張り渡した上を、一人の娘が足駄を履いて傘をさして渡るのでしたが、先刻の墜落した男の印象と感動で胸が一杯になって、もう何も見る気がありませんでした。

そんなことがあってから、その曲馬団は大変な不幸続きで、娘ども二人が土地の青年たちとどこにか姿を隠してしまう、ライオンが病死する、実に惨憺(さんたん)たる状態(ありさま)で、そこを引き上げたということでありました。ああいうようなグループにもやはりあんな過失があるものだと見えます。

前の河童の見世物と全く軌を一にしているものに、天狗の見世物というのがあったといいます。それは梟の額の毛をむしり丹を塗りこみ、小さな兜巾をかぶせ、紙で裁着を履かせたりして、それがちょうど絵に画いた天狗のようであったという。これは昔、局庵梟弁という人が葺屋町の見世物小屋に入って、偽されると知りながら見て来て物語ったとて、『嬉遊笑覧』の著者が書いております。

火渡りの術

彼の台湾学者であり人類学者であった故伊能嘉矩先生の御宅に行った時、そこに来合わせていた、これも現代の支那学者であった広田氏という人が来ておられての話でしたが、私に、「君の隣村かのDという男も随分修業を積んだものだね。先日も八幡神社の境内で火渡りの術をやってウマく行って大変評判をとったのだ。ところが彼の男がついこの間私の家にやって来て、『先生、私もこの頃は大部修業を積みまして、なんでも思う神様を目前に呼び出すことが可能の所まではやっと行きました』と言う。ちょうどそこに居合わせた四五人の友人らが、『お前はまだその山勘を止めぬか。少し土地を出たらどうか知らぬが、ここでは決してお前のその話は誰も信用が打てぬから止せ』とひやかすと、『否そんなら論より証拠、ここに諸君の目前に神を出現さして見せてやろう。何神がいい』と言うのに、一人が、『そんなら八幡大神を呼び出して見せろ』と言う。『それはいとお安い御注文だ。余の神ならちょっと面倒だが、八幡大神ならここから近い所にも居られるからすぐである。だがここの八幡神は少々品が落ちるのだがね』といった調子です。

『こいつ神様に品の善悪もないもんだ。そんな御託宣はいいから早く出せ』と言うと、『じゃ取りかかろう』と言って、『床の間を少々の間借せ』なんてその前に端座して祓詞（はらえごと）や何かやっていましたが、やや暫時（ざんじ）経ってから皆の方へ向き直り、『八幡の大神は来られるには来られるが、もう一時間ぐらいは手放せぬ用事があるから、その用が済み次第に行くというのだ。暫時待ってくれ。どれそれまでは退屈だから、俺にも酒を飲ませろ』と言って、大いに酒を飲みやがる。さあみんなが口の悪い連中であるから、何のかんのと悪く言ったり嘲笑したりしているうちに、とうに約束の時間が経っているのに気がつき、『ややッ時間が過ぎている。どこに神様が来ている』と言うと、その男もやっぱり驚いたように柱時計をあおぎ見て、『や本当だ。では早速お迎え申し上げなくてはならぬ』と言って厳かに床の間に向かい、拍手（かしわで）なんかで一分間ばかり瞑目（めいもく）しながら沈思黙考していたが、やっと皆の方へ向いて言うことは、『やあ今日は八幡大神は大変御機嫌が悪いんでな……。そして第一そこには俺のことについて大層不謹慎な言葉などを吐く不心得者も居るから、折角お前の呼び出しだけれども、今日は厭（いや）だと仰有（おっしゃ）る。だからお前たちは先刻（さっき）からあんなに俺の所を悪口言わない方がよかったんだ。一世一代に一度という神様の御姿をついに見損なったというもんだ。……』とさ。彼の男も俺の所の酒や肴を鱈腹食ったあげくに、人まで食いよった」というのが、その先生の話でした。

こんな大法螺吹きでしたが、火渡りの術だけはたしかなもので、評判でした。この男が八幡境内で火渡りをやった直後に、旅の山伏ふうの男が町に来まして、私の友人の世話好きな男にどういう順序で取り入りましたか、「俺も火渡りの術をやるから……」と言うので、その男はすぐに乗って、なんでもDの向こうを張ってやるぐらいの意気込みで、早速町内の青年団を説きつけ、軒ごとに薪五本米三合でしたかを集めさせ、町端れの神明社の境内を利用して、その山伏に火を渡らせようという陣立てになったのでした。その薪は当日に焚く材料、米はやっぱり当日赤飯を作って見物人にくばろうという時代がかりであります。

その山伏もまた大兵肥満の赤顔で実に偉そうな者、毎日々々大酒を食らって型通りの大言壮語というので、町内の物好き連中を大変頼母しがらせているうちに、いよいよその当日もやって来て、さあ今日というその日、神社の境内には待ちに待っていた青年どもの手によって、山なす薪木が重ね並べられ、石油がかけられて既に火がつけられて盛んに燃え出したので、皆から、「修験者、さあさ早く早く」と急き立てられて、その場所に行った山伏は、なぜか八幡の時のDのように元気がありません。しかし皆にやいやいと騒がれるので、今更引っ込む訳にもいかなかったと見えて、両手を頭上高く指し上げて何かの印を結び、口の中ではぶつぶつともっともらしき呪文を唱えて、気合の叫びやっとかけると同時に、どんどん燃え立っている火中に飛び込んだまではよいが、たちまちに「あッ」と言って飛び上がり、「熱い熱い！」と叫んで火中から這い出したが、そのまま人事不省になってしまったのでした。

すぐに医者も来て手当てをしましたが、なかなかひどい大火傷、さあこうなると世話人のDもぐるで詐欺をして赤飯や酒を飲んだという大変な事件になり、笑ってばかりでは納まらなくなる。そのうちにようやく足が立つようになった坊主はどこへか風を食らってしまう。結局、友人ばかりがいい面の皮という破目になりましたが、元々根が分かっている事件なのですから、すぐ諒解が出来て納まりました。しかし、これなども田舎には相応しい出来事であったのでしょう。

V 東北の文化を掘る

悲惨極まる餓死村の話

奥州における天保年間（一八三〇～一八四四）の飢饉の時の惨状を、時折村の老人どもが話すのを聞くことがある。今そのうちから子供らに関係した二三の話を記してみよう。

子殺し

村の別当の家（薬師社の別当で、ふだんは百姓をしていました）に、十一とかになる男の子があった。その頃年々打ち続く飢饉に、家でもろくろく食をせぬので、その童（わらべ）は外に出ては、他人（ひと）の家の軒下に積んである豆殻のあたりで、落ちている豆などを拾って食べていた。ところが、それが村の評議となって、肝入（きもいり）が別当の家へかけあいとなり、この後一切その男の子を外へ出さぬということで、やっと事が落着した。

けれどもその童は、その後も夜など時々出ては、村の家々を廻（まわ）って歩くので、村ではまた別当の家に再度のかけあいをすることになった。その時別当の答えでは、「いかにも村方へ御迷惑を相かけぬよう始末をつけましょう」と言うのであった。

ある日、別当の父が、その童をつれて山へ行った。何か木でも伐りにというふうで、父親は大斧を持って先に立って歩きながら、いつにない親切な言葉を童にかけた。童はそれを心から喜んでいそいそと行った。そうして坊子沢という所へさしかかった時、「あんまりくたびれたから、この岩の上でちょっと休んで行こう」と父は言って、童と一緒に岩の上にのぼって、横になった。

ところが幾日も幾日も、ろくろく物を食べないで労れきっていた童は、すぐさますやすやと眠ってしまった。そこを父親は大斧で子供の頭を斬り割って殺してしまった。

私（佐々木）の曾祖母にあたる人は、その別当の家から佐々木に来た人だそうである。その人が豆畑に出て雑草をとっておると、畔の蔭からひょっと顔を出して、「叔母御！」と小声で言うものがあった。見るとその童であったので、「何、どこさ来る！」と何気なしに叱りつけた。すると童はさもさも悲しそうな顔をしていたが、またそのまま草の中に顔を匿して見えなくなってしまった。それは童が父親に殺される前日のことであったそうである。

娘が邪魔さに

村にさのせという女房があった。夫は何かで死んで亡くなり、自分と九つになる娘とだけ残ったが、世が飢饉だから、どこでも使ってくれる家とてもなかった。隣村の××という家（うち）へ行って奉公を頼み入れると、「いかにもお前だけならよろしいが、その連れた娘がいてはいらぬ」と言われて、泣いて戻って来た。

そうして村と村との境に猿ヶ石川（さるがいしがわ）という川があって、その上に架けた橋までたどりついたが、思案をきめて、その娘を橋の上から突き落とした。娘は一旦（いったん）水に沈んだが、悶（もが）きつつ顔をあげて、「母（がが）！」と叫んだ。「なんの、母（がが）もなにもあるもんでねえ！」と女房はそこを走り去った。そうして娘を殺して、自分は主家に行って、「娘は川に入れて殺して来たから、使ってくれ」と言うたとのことである。

拾（ひろ）い人（て）の無い捨て子

村の道ちがい（辻路）のところに、ある夜、三歳（みっつ）ばかりの女の子が棄（す）てられて、夜っぴて泣き立てていた。その近所には民家が数多（あまた）あったから、誰（たれ）もその声を聞いたが、誰一人その児を拾って来ようとするものはなかった。

夜明け近くになっても、泣き声が止まぬので、最も近い家（うち）の女房が行って抱いて来たが、主人に叱られて、またもとのところに持って行って置いた。翌日の昼時頃に、蟻（あり）が一杯たかって、とうとう死んでいたということである。

私の曾祖母にあたる人が、ある日、田の草をとりに行った。ところが、自分の田の畔に五六歳ばかりになる女の子が、赤い新しい衣物（きもの）を着たままに死んでいた。朝未明（あさまだき）のことで、それとも知らずにその死児に躓（つまず）いてころんだ。その日終日（いちにち）は、いくら飢饉の時でも、食べ物が咽喉（のど）に通らなかったと、後々までも話したとのことだ。

我が児を食べた女

上郷（かみごう）という村から仙台領気仙（けせん）へ越えてゆく部落に、ある日、一人の若い女が迷うて来た。その懐には、まだ女の乳呑み児（ちのご）を抱いていて、家々に立ち寄って、「何か仕事をさせてください。食べ物を一椀めぐんでください」と願って歩いたが、どこでも女の願いをきいてやることが出来なかった。そうして村人は女を気仙道の方へ連れて行って放してやった。

翌日になって見ると、赤羽根峠（あかばねとうげ）という山の麓にその女が死んでいた。そうして口には懐の乳児（ちのみご）の細い腕を二口ばかり食いきって、飲み下すことも出来ずに、そのまま肉塊を口に含んでおったということである。

梁（はり）の上の亡魂

村の久手（きゅうて）というところに、××という家がある。この家に十一二の男の子があったが、前の別当の家の童のように、他（よそ）に出ては、盗み食いをするので、村方からのかけあいが毎日のようにあった。家（うち）の人たちもほとほと困って、他郷へ追いやったが、もうそれぐらいの齢頃（としごろ）になると、道の左右も識（し）れるので、いくばくもなくすぐに家にかえって来る。そこでとうとう思案にくれてしまって、その男の子を大きな穀物ギツ（穀物を入れて貯蔵しておく大きな箱の類）に入れて、堅く蓋（ふた）をして蒸し殺しに殺してしまった。その童は七日七夜ばかりギツの中にて泣き叫び、あばれ廻っておった。

その後余程年月を経てから、その家で念仏があったことがある。その時、座敷で衆人が「なむあみだんぶ」と言えば、梁（はり）の上にて童のような細き声で、「なむあみだんぶ」と言い、また下で、「餓鬼の念仏南無阿弥陀」と称（とな）うれば、やっぱり梁の上でも、「がきのねんぶつなんまみだ！」と称えたのである。念仏講の連中皆顔色を失ってしまった。人々は、「それは先年の飢饉の時に蒸し殺した童子の霊魂だろう」と言い合ったとのことである。

他人（ひと）の腹を裂いて

ある村に十三ばかりになる子守り娘があった。主人の子供をおんぶして歩いているうちに、自分が飢（ひも）じさに堪えかねて、おんぶしている主人の子供をおろして、その腹を切り割って殺した。役人に訳を訊（たず）ねられると、「主人の子供は毎日いい飯（まま）を食っておるから、その飯が食いたさにそうしました」と泣く泣く答えたということである。

あるところで、少年たちが二人行き逢った。一人は年上の子供であったが、他の子供にむかって、「お前は今朝ごはんを食べたのかえ」と問うた。「食べた」と一人は答えた。「そんならお湯を飲んだのか?」と、また重ねて問うた。「否、飲まない」と言うと、その少年は相手の子供を殺して腹を裂き割って、胃の中にある飯を取って食ったとのことである（私たちはこの話をよく聞かされてから、こう言われた。「食後には必ずお湯を飲むものだ。お湯を飲まぬと食った物がそのまま腹の中に潰れずにおるから」と）。

霰に打たれた死骸

村の田尻という処に、ただの自然石を二つ立てた無縁の墓がある。これも海辺の方から母娘づれの者が迷って来て、ここで饑死したところだということである。どうしてであったか、母親がまず倒れて息絶えたのに、ふところの乳児がまだ生きていて、乳房をしゃぶってては泣き、しゃぶってては泣き、夜明けまでその泣き声が止まなかったそうである。村の人たちはその傍らを通るが、さて救いとったとて自分たちの食さえないような始末であるから、その憫れな態を見ぬようにわき見して急ぎ足に通り抜けた。旧の十月頃のことであったろうか、赤くなって死んでおる母子(おやこ)の上に、霰が降りかかって、久しくそのままで取り揃(そろ)ってやる人もなしにあったということである。

床下から子供の骨

昔から奥州の一部の国には生児を縊(くび)り殺す風習が、なかなか盛んに行われていた。子供の生まれる家ではあらかじめ、今度は置くとか、置かぬとかとの相談があったようである。その起源を老人に問うと、「大方は天明天保の飢饉あたりからはじまった」と言った。

ある家の普請の時、何気なく土間から常居(じょうい)へ上がる戸口の踏み台の下を掘ると、小さい人間の骨が夥(おびただ)しく出た。試みにそれを計ってみると、一斗笊(いっとざる)で二つばかりあったということである。これなどは実に極端な例であろうけれども、大概の家々で、一人やあるいは数人分の小さな骨の出ない処はまずあるまいと想像されるのである。

家に棲むお化けの話

鉈や煙草入の踊り

この話は、奥州地方には昔からあった家屋に出る化物、ザシキワラシという物が、ついこの頃、私の隣村に現れたことであります。諸君が地理書で学んだはずの奥州の一大山脈、北上山系中の最高秀峰の早池峰山の麓の村、陸中国上閉伊郡附馬牛村字生出というて、人家がやっと十軒ばかりの村に、百姓で樺山という家があります。その家に大正十二年の冬十二月の半ば頃から、十三年（今年）の一月にかけて起こった出来事であります。

ある日、その家の息子（廿歳ばかりの）が山から帰って来てヒボト（深炉）にあたり、山の道具（鉈斧という物の類）を腰元に置いて暫時憩んでいると、どうしたものか、その鉈がひとりでに中間に飛び上がって物を切るようなふうをし出す。それがちょうど何物か人の目には見えない物の手にあって、そういう動作をしているようであります。息子が驚いてそれを見ていると、鉈はガタリと元あった個所に投げ出されて還って来ました。その代わり今度は斧が舞い上がって、やっぱり中間で木を伐るような真似(まね)をする。そんなことをしておって、暫時するとまた息子の腰元に還って来る。とこういう状態なのです。

それからというものは、ほとんど毎晩そんなことが起こります。ちょうどすぐ近所に流行神(はやりがみ)の湯治場が出来ていたものですから、たちまちその評判が世に広がりました。物好きな連中はそんな稀有(けう)なことを実験しておこうと、わざわざ出かけて行って宿(とま)ったりしました。すると、夜中にひとりでに懸洋灯(かけランプ)がふっと消えて、それから何の声も音もせぬが、寝ている人たちの上に何物かが上がり、足の方から布団(ふとん)がまくられたり、枕が頭を載せたまま槍(やり)のように急激に上下して床板を打つ。とても好奇者(ものずき)も居た堪(たま)らなくなって、そこを逃げ出すというふうになるとのことです。

附馬牛村の狩人某が、きっとそれは猿だろうというので、鉄砲を持って、兼ねて知り合いのその家に行って、ヒボトにあたって、多勢(おおぜい)の者らと共に、「今夜己(おれ)が仕止めてくれるから」と話していたところが、そう手振り手真似で盛んに喋言(しゃべ)っている狩人の腰から、大事のブンコ（煙草入）がすうと抜き取られて、どこかへ行ってしまいました。

家の人たちはそういうことには慣れているので、「おら家(え)の神様はハア煙草入を返してくれる時分だがな」などと頻りと言いますと、「応、それッ」と言わぬばかりにガタリとそこに先のブンコが投げ出されました。拾い取って見ると、いつもの例で中の煙草(たばこ)はみんな取って食ってしまって無かったそうです（このお化けはひどく煙草が好きで、その家へ行ったもので、誰でも煙草入をとられない者は無いということです）。

それからその狩人は、「おのれ、人を馬鹿にするも程があるというもんだ」と、鉄砲を取って室の隅の方へ差し向けると、筒先が自然と家族の人たちに向かってしまいます。引金を引くどころの話じゃないのです。しかしこの人は無理にも泊まりこんだ果てに、ひどい目に遭い、とうとう座敷から外へ押し出されて帰ったということであります。

その隣村の松崎村字駒木、真言宗の福泉寺という寺院の住職は、元この生出の出身であるという関係でありましょうか、このお化け退散の祈禱に頼まれて行きました。この人は珍しい戒律堅固の尊者で、ずっと肉食妻帯ということをせず、随って祈禱などもよく験あるとされて遠近の崇拝をあつめております。私の友人でありますが、私は吹雪でこの人の所に行って詳しい話を訊く機会を得なかったのは残念でありますが、初めにはこの人のお弟子の青年が祈禱に行ったようです。

お弟子がその家に行って、祈禱を始めると、初めのうちは別段何のこともなかったが、だんだんと御経が進んでゆく頃、いきなりどこからか石塊が小僧めがけて飛んで来た。すると後から後からどんどんと石塊や棒切が飛んで来て、危なくて仕様がありません。けれどもなおも忍耐をして御経を読んでいると、ガンと一つの石塊が額に来て撲ち当たりました。それにはさすがの御坊もすっかり辟易してしまって、早々風呂敷包みをまとめてお寺に帰って行った、ということであります。

　まあざっとこんな話であります。それが猿が山から下って家の中に窃かに入り込んだものだとか、また猿らしい物だろうとかいうような種々な臆説も出たようですが、何しろ姿も影も少しも見せぬものですから、誰もしかと断定は下せぬらしいのです。ただその物が非常に煙草を好きだということ、それからそれを家人が半ばは恐れ、半ばは神様のようにも言い、家の興衰に関わるかのようにも考え、また魔物のようにも思うのであります。だから窃かに修験者などを呼んで祈禱までもさせるのです。こういうような心持ちは常にこのお化けに着きまとうているのであります。

(縁に、この怪物はまたこの頃ひとりでに出現しなくなったと言い伝えられております。一月十日頃のこと。)

土蔵の中のお囃子

　こういう事柄は、今に始まったことかといいますと、そうではない。前にもちょっと言ったとおり、奥州には昔からかなり頻繁に所々にあったことです。先年私が書いた『奥州のザシキワラシの話』という炉辺叢書のうちの小冊子にも、大同小異の話例を多く集めております。またその後私が聞き書きしておいた話だけでも、既に百をずっと越しております。それほどに多くある話でありますけれども、諸君（みなさん）は少しも気がつかずにおられるのです。ついでに同様の話を次にもう一つ致します。

この話は同じ奥州でも少々私の所から離れた土地のことで、昔ある武士町の石橋某というお侍の家に起こった話であります。やっぱり化物の形などは見えませんでしたが、この侍の家の裏手にある小さな土蔵の中で、お神楽（かぐら）みたいな囃子の音をやり始め、それがまるでお祭礼（まつり）の山車（だし）でも出るような賑（にぎ）やかな騒ぎであったということです。

その起こりはというと、この石橋という家の次男坊に勘八という少々抜作（ぬけさく）があって、何（ど）家（こ）でも養子に貰（もら）い手（て）がなく、三十近くになるまで、自分の家で、下男同様に立ち働いておりました。

ある晩のこと、兄主人（あるじ）の妻女が、勘八に明日畠（はたけ）の牛蒡（ごぼう）を掘っておくように言いつけて寝ると、翌朝勘八が掘らぬのに、泥だらけな牛蒡がどっさりと台所にあります。妻女は、「こんなに多く掘ってくれるなら、伝手（ついで）に泥を洗ってくれればよかったのに」と言うと、勘八は、「己（おら）知らぬ。牛蒡なぞは掘らなかった」と言い張るので、主人は笑って、「なあに、それは大方勘が寝惚（ねぼ）けて抜いて来たのだろう」と言って、それなりになっていました。

それからある日、主人が風邪（かぜ）を引いたので、「出勤断わりの手紙を同役の所へ持って行け」と勘八に言いつけたが、昼食の時に思い出し、「勘八や返事はどうした。貰ってきただろうな」と言われて、弟ははっと気がつき、「やあ、そのこと忘れておった」と額を叩きました。主人は呆れて、「馬鹿野郎にも困るな、早く持って行け、手紙はその棚の上にある」と言われて、勘八はその手紙をとり、「兄さん、この手紙を持って行くんですか」と差し出すのを見ると、それは同役からの返事でありました。主人は、「なんだお前は先方へ行って来たじゃないか、これは向こうの返書だ」と言うと、勘八は「己は真実に行かぬ」と言う。その言態様子が虚言らしくもないので、不審を起こし、先方へ聞き合わせると、「いつも見馴れぬお家来が参りました」とのことでありました。

それから二三日経って、主人が役所の出前に髭を剃ろうと思って剃刀を取り出し、ちょっと脇を向いている隙に、それが見えなくなりました。主人は驚いて、「御用の間が欠けるから早く出さぬか」と叱りつけると、畳の縁の間からすうッと剃刀が出て来ました。

これからも日ごとに不審なことだらけでありましたが、それかというて、別に人に害をしたり仇をするということはなかったのです。

犬と噛み合い

この化物はなかなかの利巧者で、ある時主人が参り、「こんな化物の正体を知るには、灰をまいてその足跡を見るのが一番宜しい」と言うているうちに、天井から灰がさらさらと落ちてくる。主人が、「灰などはいらぬ、銭でもまけ」と言うと、銭がぱらぱらと降って来ました。「こいつは有り難いお化け様だ」とそれを拾い集めて、銭箱に入れようと蓋(ふた)をあけると、中には銭が一文も無いのです。

これはこの中のものを出して蒔(ま)いたものと見える。いずれ狐狸(こり)の仕業だろうということで、近所の金田道哲という医者の家で飼ってある、屋敷中一等の強犬を借り来て、縁の下に入れてやりました。犬は頻りに吠(ほ)え、何物かと暫(しばら)く咬(か)み合うておりましたが、出て来たのを見ると、犬の口の端に鉄針のような白毛が五六本着いておりました。しかし、それは何の毛とも分かりませんでした。

これでもう出まいと思っていると、同じことで、その後も種々なことをやります。ある日、銅壺(どうこ)の蓋(ふた)が無くなったが、またお化けが隠しただろうから、今に返すだろうとそのままにしておくと、裏の土蔵の中から何だかチャンチキ、チャンチキというような囃子の音が、賑やかに聞こえ出しました。そこで初めて銅壺の蓋をお囃子の道具に持って行ったのだということが分かりました。

けれどもそういうことがあまり永く続いていてもどうなので、いっそ神様に祭ったらよかろうという者があったのを幸い、庭の隅に小さい祠(ほこら)を立てて祭りました。それからはそんな怪しいことは絶えてしまいました。

　それでその家の人たちもほっとしていましたが、それから一ヶ月ばかり経って、その家の息子が学校から帰って、

「この頃、秋田に出る化物もいろいろな物を梁（はり）の上から降らしたり、お囃子をするということを今日仲間から聞いてきた。きっと家（うち）に住んでいたあのお化けが秋田の方へ行ったのだろう」と言いました。

　すると、庭の隅の祠からバタバタと二つ三つ手を打つ音がしました。大方これは俺はまだここに居るという知らせだろうと皆が笑いましたが、その後は更にそんな不思議なことは無かったということであります。

　この話は私の友人が、私のために見付けてくれた材料ですが、もし何人（なんぴと）かがこの話についてその出所やその他のことを知りたいとお思いでしたら、私はいつでも責任のあるお答えをすることが出来ます。

　こういうような話がまだまだ幾らもありますが、大凡（たいてい）同じようなものばかりでありますから、これでこの話はお終（しま）いにします。詳しいことは、前に述べた炉辺叢書『ザシキワラシの話』を御覧願います。

家屋の怪物

旧家の奥座敷に出て遊ぶ

家屋の内にばかり住んでいる怪物、あるいは家のぬしというようなもので、日本でもっとも重(おも)なるものは、わが奥州地方のザシキワラシでありましょう。これは重に五六歳の童子(こども)の形をして、富豪の家や由来ある旧家などの奥座敷に出て遊んでいるものだとされております。こういうものの出現する家は、一部落には必ず二三軒はあるようです。

この座敷童子のことについては、既に私は度々言っておりますが、いまだいっこう知っておらない方々のために、その一二の例を言いますと、岩手県江刺(えさし)郡稲瀬(いなせ)村の及川某家というのになどは、一二人ならず、どうも多勢(おおぜい)らしい童(わらし)が座敷に住んでいて、それらが家人の留守などの折には、内土間の方に下がって石臼を挽(ひ)いたりなんかしていたんだそうであります。もちろんザシキワラシの本来は一人または二人ぐらいらしいのですが、稀(まれ)にはかくのごとく数人のものが居ることもあるらしいのです。

同じ県の遠野郷綾織(あやおり)村の某家などでは、やっぱり家人の留守の折などに、座敷でお神楽(かぐら)

みたいな囃子(はやし)をしてザシキワラシが余念なく遊んでいたものだとも言われております。同県遠野町字新町、奥田某という家のお婆さんが、ある日用事あって、奥の二階座敷へ行くと、そこに非常に綺麗な十七八ぐらいの娘が赤い衣物(きもの)を畳んでおったが、お婆さんを見ると、あわただしく立って次の室(へや)へ匿(かく)れたというような話もあります。この美しい少女がこの家のザシキワラシであったことはもちろんで、こうした女性のものが住んでいた例も諸所にかなりあります。

母娘連れのザシキワラシ

ザシキワラシにも無論、子孫繁殖のために夫婦関係が当然なければならぬ話でして、やっぱり人間同志のごとくに、互いに婦人争いをして遂に傷死に至ったようなこともあります。

で、ここにちょっと不思議なことは、さように後から後からと子孫が繁栄していくに連れて、自然とこの種族のお祖父さんお祖母さんが出来なければならぬ理屈ですが、どうしたものか、中年者や老人の者がおったという話はあまり聞きません。けれどもどうかすると女性の方ばかりには、遇々(たまたま)中年の者あるいは母娘(おやこ)の者が住んでいたという話が二三でなくあります。

左にその重なる例をひとつ示しますと、同県遠野郷から北方の山越えをして行かねばならぬ小国という処からある人が来ると、峠の中腹で見慣れぬ風俗の美しい母娘らしい女たちが朱塗り櫃を側に置いてやすんでおったので、「お前さんたちはどこから来て、どこへ行くのか」とその人が問うと、その女たちは、「今までは遠野の郷の海上嘉善長者におったが、今にあの家も瓦解してしまうのだから、これから小国の道又家へ行くのだ」と言ったそうで、その後道又家には母娘連れのザシキワラシが居るという噂が立ち、またその家の主人の目には、時折その女性らが見えたものだということであります。

このことはよほど考えなければならぬ問題だと私は思いますが、まだまだ大いに考えてから言うべきことでありますから、ここでは何事も言わずに置きます。

座敷婆子

そして、また依然として男性の中年者老人はないのにかかわらず、座敷婆子と称する一種の老婆があるとされております。岩手県上閉伊郡栗橋村字砂子畑の清水という家などにも、このザシキバッコがいて、時折の泊り客などを驚かすという話があります。同郡土淵村の大洞某という男が、先年この家に行って宿ったことがありますが、その夜は奥座敷と表の座敷の間ぐらいの処に臥せらせられて、なんだか変に眠り付かれなくってうつらうつらとしていると、奥の方の床の間のあたりで何物かがげたげたと笑ったので、頭を上げて見ると、そこに一人の坊子頭の老婆が蹲（うずくま）ってこっちを見つつ笑っている。表座敷にはずっとしんを低くした懸ランプが薄暗く灯っているので、もちろんはっきりとは見えないが、バッコは四つ這（よば）いになって、何でも畳の二三枚もその男の方へ這って来ては後退りに、また床の間の方へ引き返し引きかえし、そんなことを二三度しつつこっちを見て笑うんだそうです。某はとてもそこに居た堪（たま）らず常居（すまい）の方へこれも這い出て来て、翌朝皆に大笑いをされたというが、家人は慣れたもので、「お客さんは昨夜（ゆうべ）は逆夜這（さかさよば）いをされて、さぞお楽しみであったろう」などと揶揄（やゆ）されたということであります。　（以上、第一回）

露西亜（ロシア）のドモウオイ

こんな例で思い出すのは、露西亜のドモウオイという家の怪物でございます。怪物などと言えば何だか鬼のように恐ろしく、人間でも取って食うように想像されますが、このドモウオイは決してそんなものではないらしく、極めておとなしい老爺（おじい）さんだそうです。つねに暖炉（ペチカ）の上にいるのだと言われております。

ポロンスキイ（一八一九～一八九八）というロマンチックな詩人の「彩飾（ヨールカ）」という詩などにも、ある村端（むらはず）れの投げ棄（す）てられたような小舎（こや）に貧しい老婆と小娘が住んでいて、小娘がクリスマスの前夜か、彩飾をほしいものだと思っています。その夜は大変な吹雪の晩でありまして、床についても小娘はヨールカのことばかり思うて、眠ることが出来ないもので、ぐずぐずしていると老婆は、「いつまでもぐずぐずして眠らぬと、ドモウオイ爺さんが来るぞ」とおどかします。そう言われて小娘が向こうを見ると、ドモウオイがほんとうに暖炉の上で、片肱をもちあげて欠伸をしている。そこで小娘が息を殺して眠ったふりをしていると、やがて老婆もドモウオイも眠ったようだから、そっと起き出してヨールカを伐りに行く。暖炉の側を通るとき、そのドモウオイお爺さんが目を醒まさないように、どんなに要心をし爪立てをして静かにそこを歩み抜けたか……というようなものがあります。もちろんこの私の文章は、文学の方面のものでありませんから、詩の気分筋道ではなく、ドモウオイのことを言えばよろしいので、原文とは違っているかも知れませんから、ちょっとお断りをしておきます。

また現代の文学者で、まだ若い人だそうですが、アレクセイ・レエミゾフという人の「大雨」という散文詩にも、このドモウオイ爺さんがババヤガ（妖婆）に懸想して肱鉄砲を食らった遺恨から、ババヤガが麵麭を焼く鍬（篦）を匿したのです。ところがこの方はちょうどババヤガの結婚で、晩餐のためにやって来た恋聟の馬に乗ったお先走りの小鴉や、ギエナの山をば越えてやって来た多くの小化物どもに出す麵麭を焼くことが出来ないので、ババヤガは困っておいおい泣き出します。その涙がとめどもなく流れて、それが軒の雨垂れ樋に一杯に流れ込んだから、私らは早くどこからかドモウオイが匿した鍬を見付けて来て、屋根に投げ上げなければならない。そうすれば妖婆も莞爾すれば雨も止む……というのであります（これはロシアの雨についての口碑かも知れませんと思います）。

支那の山魈、朝鮮のタイジュ、アイヌのカイセイ

次に考えてみたいと思いますのは、支那古代の山魈と申すものでありますが、これなども全く室内の怪物でありまして、形態は小児のごとく、一足にて指は後ろに向いている。そうして夜に出ると言えば、これは奥州のザシキワラシのようでありまして、あるいはいずれかがこれに縁源するように見るのも、一つの見方かも知れません。

また朝鮮にもタイジュといって小児の室内怪物があり、重に深夜、家の梁木などの辺で人語を発するというのであります。これは少女の死んだ霊魂だとされておるのだそうです。

またアイヌの間の、アイヌカイセイなども重に空家とか古家とかに出る怪物で、アイヌが出かせぎなどで久しく家を空け、不意に帰ってくるようなことがあると、空なはずの家の中で、何か言い罵っていたりするそうです。あるアイヌが外から帰って来ると、自分の家で何物かが頻りに悪口を言い合っているので、窓から覗いて見ると、二束の草束がそんなふうに言い合いをしていたといいます。これらもカイセイといいますかしら。カイセイとは屍の義で、一転して屍に因した怪物という意味の語になったということです。

カイセイの姿態は、頭髪を長く垂れて、土や床の上などを摺り引くもので、手も足もなく、もちろんその顔面もその色合なども分かりませんが、常に女には男のカイセイは現れないと言われております。

十勝国帯広町伏古（？）の本年五十七八歳になるアイヌの老婦が、自分の十六歳頃の記憶に、長い髪を垂れた女のカイセイを見たことを語るのを聞いたと、吉田巌氏が言われております。

カイセイはアットシ製のぼろ衣物を着て、みそぼらしい姿をして見えたり、また夜中睡眠者を魘うことがあったり、また時偶には室屋などに昼寝などすれば胸や首などを圧されることがあるともいいます。いったいこれは何であるかというと、死んでから彼の世に行けぬ魂魄が、そういうふうにさまようているものだとアイヌは信じているそうです。ですからカイセイの出現は必ず病気とか死とかの凶兆として怖れ、もしも不幸にしてこれを見た場合には、酒や食物などをととのえて炉の隅に在す火の神に頼んで、供物を与えてその霊魂を慰めるのだと言います。

家屋にいるはずのもの

穿鑿（せんさく）しましたなら、まだまだ諸民族の間にいろいろなおもしろい話が多くあることと思います。ある先生から聞くと、アイルランドにもわが奥州のザシキワラシに似た話があり、また馬来（マレイ）半島の方にもあるということです。私はそれはそうだろうと思います。およそすべての物に附属した、あるいはそれらを司（つかさど）る主伯（ぬし）とか、または化精とかいうような変化（へんげ）がどこにもあります。山には山男山女、野には野槌（のづち）、川には河童（かっぱ）、その他木魂（こだま）だとか、人魚だとか、沼湖の主だとか、そうするとどうしても家屋にも、その類のものがなければなりません。全くあるはずで御座います。

で、ただいまは、これらのものの倚（よ）って起こる所以（ゆえん）のいかんということをばいまだ言いかねますが、そのなければならぬ方の答えとして、まずざっと以上のことを申し上げることに止めておきたいと思います。

（以上、第二回）

VI
新しい伝説を集める

偽汽車の話

奥州の偽汽車の話

かなり古い時代から船幽霊の方が吾々の間に認められていたらしい。ただしこの偽汽車だけは極く新しい最近に出来た話である。ずっと古い頃で明治十二三年から廿年前後ののであろう。それにしては分布の範囲は鉄路の伸びるに連れて長く広い。克明に資料を集めてみたなら、奥は樺太蝦夷が島の果てから、南は阿里台南の極みまでも走っているかも知れない。自分は資料を多く集める機会をもっておらぬが、誰でもこの話はどっかで一度は聞いたことがあるだろう。そこで自分の方の話から初めにして、次には諸君から聞きたいと思うのである。

よく訊いてみぬが、奥州の曠原に汽車のかかったのは、何でも明治廿二三年頃のことであろう。当時俚人は陸蒸汽だといって魂消た。岩手県二戸郡大野村などでは、「大野中程に陸蒸汽出来た、お前船頭でわし乗るべ」というような俗謡まで出来たほどである。その大野にもあり、それから四十里ばかりも離れていようか、上がって陸中和賀郡と、小正月の晩、狐のお作立や当年の吉凶予報の野外劇で有名な後藤野にもあり（後藤野は小正月の夜にその年の吉凶を狐どもが動作して見せる。豊年の時には稲刈充穂をつけた馬が倒れたり、また凶作流行病のある年には餓死や病人ののたれ死の態などを雪の上にて数多の狐どもがやって見せるので有名である）、仙台に入れば小牛田の広里にもあり、栃木の那須野ケ原にもあったというのは、この偽汽車の話である。

　この話は、皆さんは名を聞いただけですぐにあの話かとうなずかれるだろうが、自分は念のために諸国どこでも同じだろうと思われる、その梗概を一つお話しする。例は自分の所から二十里ほどの後藤野の話。何でもこの野に汽車がかかってから程近い時分のことであろう。いつも夜行の時で、汽車が野原を走っていると、時でもない列車が向こうからも火を吐き笛を吹いてばっぱっとやって来る。機関士は狼狽して汽車を止めると向こうも止まる。走ればやっぱり走り出すといったような案配式で、野中に思わぬ時間をとり、そのために飛んでもない故障や過ちが出来て、始末に了えなかった。そんなことがしばしばあるとどうも奇怪な節が多いので、ある夜機関士が思い切って、いつものように向こうから非常に勢い込んで驀然と走ってきた汽車に、こちらから乗り込んで行くと、ちょうど真に呆気なく手応えが無さすぎる。それで相手の汽車は他愛なく消滅したので、翌朝検べて見ると、そこには大きな古狐が数頭無惨に轢死しておったというのである。

『万朝報（よろずちょうほう）』に載った偽汽車の話

どこもこの筋で行っているようだ。多分大差がなかろうと思われる。その好例だと思うのに、大正十年十月廿一日の『万朝報』に、次のような記事が載ってあった。面白い記事であるから、その全文を採録する。曰く、「中央線松本と篠の井との間の潮沢の大地辷り（だいじすべり）の区域は、昔から鉄道当局が少からず悩まされたところで、今も霖（ながあめ）の後には幾分ずつ地辷りを繰り返し、俗に地獄鉄道と呼ばれている。一体信州の鉄路には大小の地辷り場所が外にも所々にあるが、潮沢は一方が深い谷、一方は粘土の山で、その中腹を這（は）わせてある。線路が一夜の間に谷底に消えたことも、また列車が地辷りに乗って転がり落ちた例もある。

それは別として、この山中で今でもよく人々が語るロマンスを紹介する。隣家へ何町、臼の借り貸しも山坂が急で危ないというこの山間に、お半婆さんというのが居た。ある朝新たに誰かが作った道を辿（たど）っていると、遥か向こうから真っ黒な怪物が大きな眼鏡をかけ、太い煙管（キセル）でもくもくと煙草（たばこ）をふかしながら近づいてきた。婆さんは驚いて腰を抜かした。近づいた怪物は大きな息をして、何かどえらい声を出したが、婆さんは逃げる気力が無かった。これは汽車であった。機関士は頻りに非常汽笛を鳴らしたが、婆さんは動かぬので進行を止め、下りて行って婆さんを線路から引っ張り出した。その後婆さんは幾度も汽車を見慣れたが、先頭の機関車だけはどうしても生き物だと主張していた。

話変わって、雨のそぼ降る六月の朧月夜であった。潮沢山中の白坂トンネル附近に進んだ列車の機関士が、前方から来る一列車を認めた。非常汽笛を鳴らすと、同じく向こうでも鳴らした。止まると向こうも止まった。鏡に映すようにこっちの真似(まね)をする。機関士は思い切って驀進に進行を始めた。衝突と思う刹那(せつな)に怪しい列車は影を消した。その後も二三度あった。いつも月の朧な夜であったが、やがて線路に一頭の古狐が轢死した後は、そのことも絶えた。附近に今でもその狐の祠(ほこら)があるとか。怪しい列車は狐の化けたものとして土地の人は信じている。月朧の山間には機関士の錯覚を誘う樹木石角の陰影もあろうが、鉄道開設時代の獣類に関するこれに似た話は各地にもある」。

新しい伝説が広がる理由

こう言っている。まず大凡(おおよそ)こんな話である。この話がどんな辺まで進展して行くか分からぬが、後にはきっと一つの纏(まと)まった口碑になろうと思われる。船幽霊の伝統は立派な花葉を飾り持っている。そして神秘な海洋という背景が許さぬから、彼(か)の話をば今以(もっ)ていよいよ不可思議にしている。しかし、偽汽車の話では、その結末がいずれもあつらえたように多少のユーモアを交えた狐狸の仕業に帰している。これは広いと言ったとて、高が知れた限りのあの草原の話だからであろう。話者も前話ではどこまでも深長な表情で話の余韻をばミスチカルにしようとするが、この話ではきっと語り了ってから破顔一笑するのがその型である。これぐらいに両話の機縁が違っている。

　しかし、この話は先にも言ったとおりに極く新しい口碑である。それだけいまだ充分に完備した強固たる根生と同情とを持っていぬのも致し方ない話である。例えば、自分が最近この話の発生地だと言い伝えている村に行って訊くと、きまって土地の人は、「そんなことはあるものですか、知らぬ」と言う。「否そんなはずがないが」と言ったたって、本場で知らぬ物はどうも出来ぬ。そこで土地の人から反語的にこういう案内を受けるのである。「それは俺が所の話ではないが、関東の那須野ヶ原にあった話だそうな」と。この話をそれでは民間には全然不信用のものとして、仮に鉄道当局の記録課（もしそういう所があったなら）へ持ち込んだとしたなら、これも必ず否と言われるであろう。これではこの新しい興味ある口碑は単なる偽りとなって立ち消えねばならぬ、敢果ない運命のものであらねばならぬはずである。

　ところが事実は全く正反対の結果である。現に北海道で樺太でと、日本人の行く新領地へはどんどん伸びて行っている。何もそんな遠方の話でなくとも、十里二十里へ行く山間の軽便鉄道にまで、その悪戯が何日にあったと噂されるようになっている。しかしそれはどうも朧月夜の出来事である。真偽いかん、樹木石角の幻影かは井上博士の『妖怪学講義』でも見たら、すぐ片がつくことだろうが、ただそれだけでは片付かぬのは、いつも言う所の、それらの流布的信仰の点である。どうしてそんな話がかく広く多く広まったのであろう。このことに就いては、諸君にはきっとそれはという好(よ)き御考えがあるだろうから、それは私は正直に教示していただきたいとして、しからば私はどう考えているかというと、やっぱり今の所ではこれだけのことしか言われぬように思うのである。それはこうである。

「どうも……」。

足を洗う話

「腰湯」を使う風習

　今から二十年ばかり前のこと、ウェデキントの「犠牲」という短篇物を読んだことがあった。何しろそんな以前のことであるから、その小説のディテイルなどはすっかり忘れてしまったが、なんでも、マルタとかいった淫売女(いんばいじょ)の懺悔話(ざんげばなし)を書いたものであった。

　その女が、まだ娘時代に何かの工場につとめておったが、ある時友人の娘から、恋には「腰湯」を使うもんだということを聞いて、家に帰り、夜家人が寝沈まった時、窃(ひそ)かに忍び足で台所に入って、兼ねて準備をしていた湯沸しの湯で、生まれてから初めて腰湯を使った。その時の気持ちのいいことったら慄(ふる)えるようであったというような文句であった。そのことを自分は不思議にも今日まで記憶しておったのである。

　その時分、私は「腰湯」って何のことだろう……と思った。いくら考えてみても、やはり「腰湯」あるいは「足湯」で、即ち足を洗うということであるらしい。どうして西洋の女が、そんなに、足を洗うことが異状で奇妙奇態な興奮を覚えたことであろう、それが足よりもずっと上部の腰部を洗ったとて、何の不思議があろうか、日本の女なら子供の時分から、ほとんど毎夜々々その部分の洗漑(せんがい)をやっているではないか、外国の作家なんて変に愚にもつかぬことを書くもんだと思っていた。

ところがつい先だって、ドイツやフランスに永らく留学をしておった連中の会合の席上で、その紳士たちが各々の研究の立場から、むこうの風俗のことを面白可笑(おか)しく話しておられた。そのうちから一人のドクトルが、「いや西洋のことはともかくも、自分が秋田県の山中の村々に衛生のことで出張しているうち、彼(か)の地の女ども、ほとんど毎夜腰湯を使うことを発見した。妙な風習もあればあるものだ」と言う。その人は越後かどこか、とにかく北陸道辺の人であるが、「自分たちの国の女は決してあんなことはせぬが、秋田の女は頗る衛生的なことをしている」との話であった。これは吾々から考えると、そのことをせぬ女の方が極めて奇怪不思議であるので、かえってまた私などの方がそれを聞いて驚いたほどである。

青森、秋田、岩手地方の「腰湯」

「腰湯」の風習は奥羽地方といっても、重(おも)に青森、秋田、岩手の地方に渉(わた)った古来の習慣であったのである。女の子が七八歳の頃から親たちやに言いたしなめられて、厭々(いやいや)ながらに毎夜使い始め、よくよくのよぼよぼ婆さんにならぬ限りはそれを継続するようである。婦女の多人数居る家庭では、まず主婦が洗い、その次に娘、嫁という順序に行うので、どこでも嫁の番が一番遅く、大凡は家人が皆寝静まってから、カマコ（湯釜）の湯を一旦手洗鉢か何かに取り、それから盥に入れてするので、これがカマコから直接足を洗う盥にとるのが大変忌まれ、これで嫁の品格身躾などが云々されるのである。

陸奥の国八戸市附近の風習によると、女子は子供の時から「足を洗う」と称してやらせられるが、これは盥に腰部まで浸して洗う。洗う布帛は「足ふき」というのである。もちろん十二三歳になれば、一人で各々物蔭などで行うのであるが、極くまだ少女の時には親々が洗ってやるのである。家庭の関係にも依るのであろうが、小井川潤次郎氏からの報告に依ると、ある一女のごときは、三戸で結婚してから始めたという者もあったそうであるが、これは極めての異例であろう。

陸中気仙郡米崎村辺の風習では、もちろん普通何人も（女は）行うのであるが、それは若い女は大凡家中寝静まった刻限に、毎夜戸ごとに前庭の片隅、本屋と厩との間か、あるいは湯殿の中、カラニワ（土間？）の隅などで、コタコタと湯の音を立てて行っている。その時刻はもちろん時と場合とで一定はしておらぬが、もし間がわるくて長屋のくぐりなどを、すたすたとやって行くと、往々盥に白雲がおおうているのを見ることがある。そんな時には後に引き返すのが、男の礼法とされている。腰湯といっても、腰部を洗うのではなくして、ある部分を洗漑するのであるのが主要である（及川与惣治氏報）。

盛岡地方、また遠野地方では、「腰湯」とも言うけれども、重に「スソユ」と言うのである。これは気仙地方も同様で、町場になると女子三四歳にて、母親が抱えていて毎夜洗うとされている（橘正一氏報）。秋田大曲（おおまがり）町辺では「足を洗う」と言って、女子が毎夜洗う（田口氏報）。同県横手町辺でも同様で、ここでは七八歳頃から行い始めるのが常例になっている（細谷則理氏報）。

まずこんなことで、右の地方にはこの習俗があるということが、他国の人々にもほぼ分かったことと思うのである。

「腰湯」に使う盥と湯

「腰湯」の方法は、どんな器物で、そしてどんな風態で行うものであるかというと、重に盥を用いることは既に言ったが、今日では、町場の下層な所の女などは、金属のトタンとかブリキで造った物を用いる所もあるが、在来の木で作った盥と比較せば不便であり、使用中音が立って耳障りだそうである。それで少しは高価でも、やっぱり木で造った器物の方が賞用される。これは前の及川氏の書翰（しょかん）であるが、気仙郡地方にて、以前前沢（岩手県）から来た女教員は、転任早々盥を買ったが、これは必ずしも衣類の洗濯用にばかり足したのでないことは論をまたないのである。

また盛岡から来られたお方も同様であったそうである。盛岡地方になると、盥の大きさは径二尺ぐらい、深さは五六寸の桶様のもので、朱塗りあるいは黒塗り、表黒塗り内朱塗りのゼイタクな物もあった。衣類を洗濯するものはもちろん全然別物である。女部屋などでは重に楕円形の手の無いものを用いた（橘正一氏）。

八戸地方では、洗濯用の盥と、足洗う方の盥とは厳重に区別してあった。これら二器の中間の盛岡の遊女屋のような形のものは、鮫（さめ）という遊女街などでは用いる。これは跨（また）いで使用するに便利であるからである。

秋田県平鹿（ひらか）郡地方でも、同様な盥ながら、ハンギリとハンゾウとがある。ハンギリとはタガをかけた普通のものであるが、ハンゾウは木を掘って凹ませて作ったもので、両者ともに径二尺内外、深さは六七寸のものである。山形県最上（もがみ）郡地方でも同様である。

この盥は無論家代々から持ち伝わっているのもあるけれども、嫁入りの時に実家から新調したのを持って行くのもある。これは良家一般の風習らしいのである。用水は必ずヌルミ湯であって、決して冷水などは用いない。そうして新しい娘などは石鹸（せっけん）など使うようであるけれども、中年以上の女においてはそんなものは手にもしなかったのである。洗ったあとは専用の布巾で拭くのであるが、この布巾は不断は人眼につかぬような所に吊して干しておくのである。

湯の使い方ももちろん一様ではない。またサワリの時には、その期間だけは休むのが通常であって、その直後には湯の中に食塩を入れ、また干し菜の葉その他の薬草を入れる向きもあるけれども、それは申すまでもなく一般的な話ではないのである。

足を洗わぬ家には宿を借りない

言うまでもなく、坊様文学の名残りであろうが、夜、足を洗わぬ家には決して宿を借りるものでは無いという諺がある。私の村の昔話に、隣村かどこかに馬鹿な男があって、平常方々を歩いて泊まるのであったが、ある時、村の某という家に来て、泊まることになり、炉辺話をして夜更かしをし、もう皆が寝静まる刻限になって、「俺は行く」と言う。「どうして」と言うと、「夜、女子たちの足を洗わない家には泊まるものではないということがあるゆえ、ここには泊まられぬ」と言ったとある。

また一般の風習として、夜、人の家を訪問をし、その家の主婦なり嫁なりが、足洗い湯を釜から汲み取ったら、立つのが方式である。この湯を汲み取って、台所の方へ行っても立たぬような男客なら、村でも余され者とされるのが通例である。これも私の村の某家は、若者どもの集会所になっておったが、あまり若者どもが遅くまで居て帰らぬ時には、その家の嬶殿は炉傍で洗うので、若者どもはまたかと、皆顔を蔽うて逃げ出したものだという話が残っている。

これは私の経験であるが、盛岡に下宿していた時分のこと、ある夜外出しようと思って、玄関に出るとどうしたのか、自分の下駄が無い。はて誰か台所の方へでも履きまわしているだろうかと思って、何気なしに台所へ行くと、その家の娘が、所謂足を洗っておって、驚いて飛び上がった。私も不意を食らって引っ返すことさえ忘れて呆気に取られ、進退窮まったことがあった。

また村の寺に下宿していた友人の小学校の教員が、寺の大黒を評して、嘆じて言わく、「第一彼女はどうしたものか、俺があそこに下宿してから、三月にもなるが、スソ湯をつかったことを見たことが無い。ゆえにどこか転宿しなければならぬ」と言ったことがあった。これなどは「足洗い」のもっともよき生きた資料であろうと思った。

奥羽地方にどこにもあるようであるが、「彼の家の嫁は、足袋を履いてて足を洗う……」という諺があった。

昔話や神楽に見える風習

この腰湯についての話は、私の『紫波郡昔話』の中にも一篇書いておいた。足を洗う時刻における男女のあいびき話である。今度また新たにそれについて愉快な話を聞いたから、なるべくあっさりと書いてみよう。

盛岡地方の話であるが、毎度ひいきになっている女の許に通った男が、その夜別の男が来ているのに、すっかり腹を立ててしまった。そうして持ち合わせの粉南ばん（唐辛子）を盥の隅々に塗って帰った。あとでその女はスソ湯を使って驚いたというのである。これは橘正一氏の報告になる話である。が、他所にもこれとほとんど同一の話が伝わっているから、これも「話」の一つであるのかも知れない。

なおこの外に、これに類した所謂足洗い話が二三あったが、ここでは少々くどくて申し上げかねるのである。ただそれがいかに村の若者衆には興味のある問題であるかは、左に記す神楽の笛の調子の一節でも相分かるのである。

向こう山のトラゴやい
たらい持って来ウ
とウらアゴオ
ただの水で
××洗え

ダゴスコ、ダゴスコ
ダンダンダン！（調子）

これは陸中釜石町字中妻の里神楽連の笛を稽古する時、初めまずこういう口拍子を習うのである。これは踊りの調子のどこでもやることであろうが、特に「足洗い」に語をもっていったのが面白い（山本鹿州氏報）。

日の戸（地名）
玉山（地名）
たかで知れたる蕎麦（そば）のカマヤキ、
メグリ酒（濁酒）
ダンダン、ダクスコダン！（調子）
そら、そら！
盥でセペあらえ！……

これは盛岡地方における神楽のハヤシを真似（まね）たカタリである。まずこれぐらいにしてこの話のきりにする。

御神立の話

一　満洲事変と神話の発生

この度の満洲事変に際して、岩手県下に起こった一つの社会現象があります。それは去年の暮れから今春にかけて、村々の神々、家々の氏神たちが、戦地へ出征している日本軍を守護するために満洲へ御神立(おかんだち)するという奇妙な流行が、飛んでもない勢いで県下の村々を風靡(ふうび)したということであります。

この現象は学問の方からも甚だ面白い問題だと思いまして、私はその中の三四の話を筆記してみました。今日においても次々に神話伝説の発生創造がかくのごときに顕著であり、またそれが樹木の枝葉のようにかくのごとく成長繁茂しつつあることを証拠立てているからであります。理屈は一切抜きにしまして、その資料報告のみをいたしておきます。

この現象は昭和六年十月頃から、ぽつぽつ所々に起こってから、十一月十二月、昭和七年の正月二月には最も頻繁猖獗(しょうけつ)を極め、三四五の月に入って、その一旦(いったん)御神立された神々が郷土に一時御帰還になられるので、またその祭典が盛り返されつつあったという出来事であります。もしこの現象を非常に無味乾燥な言葉で言い現したなら、戦時に際し岩手県下に突発せる社会的ヒステリエーツア・フェノメーノ（le phénomène）とでも言ったら、一般の人たちには呑(の)み込めるかも知れません。その順序を申しますと、概(おおむ)ね左のようであります。

（1）民家の氏神のある家か、または神社に近い所の民家の者（重(おも)にその家の主婦あるいは女）が夢に見る。

（2）その夢は、それぞれの神が何日何時に御神立するという露骨なる予告もあり、また種々(いろいろ)な異状に感じられる夢もある。

（3）その他種々異変の事情が起ることもある。

（4）かくのごとき予感に依(よ)って、所の巫女市子(みこいちこ)に行って占いを立てる。そして神立の日の神示を受ける。

（5）神立の日には、御神酒(おみき)御餅を上げ、厳かな祭典を挙げ、馬を飾り立て、その背に御幣束（これは御神体）を立てて、一定の場所まで送って行く。

（6）御形代(おかたしろ)は幣束あるいは藁人形(わらにんぎょう) 等である。

（7）その神送りの行列には出来るだけ大勢の人々がつき、神楽(かぐら)、鹿踊(ししおど)り、その他の催しは賑やかなほど行いを盛んにする所以(ゆえん)である。

（8）　形代を乗せた馬は、宛然三十貫程度の荷物をつけた場合のごとく汗を流すこと、水を浴びせられたごとくに濡れる。そして極めて静粛に行く。しかし帰りには非常に元気で騒々しい。

まず、ざっとこんなふうである。次にその実例を報告してみます。

二　御神立の実例

鎧兜の霊夢

岩手県稗貫郡飯豊村、北上川に添うた村でありますが、ここに石川某という家があります。土地でも有数な豪家で、氏神は神明様であります。この家の主婦は千代という四十ぐらいの人、師範学校を卒業して教員などをしている婦人だと申します。本年二月頃、ある夜、自家の座敷に大勢の鎧兜を被た人々が寄り集まって、何事かがやがやと話をしており、また床の間には一段と丈の高い偉丈夫が、遠野南部家の先祖が後醍醐天皇から拝領した黒皮縅の鎧兜を被てひかえておられたという夢を見ました。これは不思議な夢を見たものだと思ったけれども、そのまま忘れて月日を過ごしていました。

ある日この家の下男が、村でも所々の神様たちが満洲へ御立になられるということで、方々賑やかであるが、俺家の氏神様も御立になるかどうか、町（花巻）へ行って、市子の口立てを聞いてきましょう。そう言って花巻へ出て、市子に口立てを頼みました。すると氏神様が降りて来て、「俺があれぐらい夢に立っても、少しも気がつかずに平気でいるのが悪い。お前を今日ここに呼び寄せたのも皆神の意である。今夜の十時に立つから、早く帰って仕度をせよ」と言うのでありました。そこでその下男は額から汗みどろになって呼吸せき切って、主婦に告げるには、「今日は神様にうんと叱られました。鎧兜を被てお前の座敷に陣取った夢を見せたにもかかわらず、お前の家ではいっこう気がつかずにいる。今夜の十時に御立になるとのことだ。こうしては居られない」と言う。

主婦もとても驚いて、あまり俄のことであって米をウルカシている時間もないので、湯で米を磨いで俄餅を搗いて御供えを作り、神楽を頼んで、国道筋まで送りを立てたということであった。神送りの方法は前述のようにするのであります（四月十六日聞く）。

馬頭観音の奇瑞

またこの家の近所にある家の氏神、これは馬頭観音でありますが、元からの観音様ではなく、この家の三代前かに頗る立派な馬がありまして、旦那が非常に大事にしていましたが、ある朝庭に出すと、ちょっとした石塊に蹴つまずいて転んだのが源因でついに死んでしまいました。あまり口惜しいので、その馬をこうして祀ったというのです。

ある夜この家の主婦が、庭にとても立派な馬が綺麗に飾り立てて立ったという夢を見ました。石川家の夢のことなど聞いていたものですから、町へ出て市子に口立てを頼むと、「昨夜夢に立って知らせた。俺神も隣家の神明様の御供をして戦地へまいる」と申しました（同日、花巻町中舘某女の談）。

鼬幣稲荷（いたちべいいなり）の霊験

満洲の戦地へ出征していた兵隊の話。ある兵士がある日斥候（せっこう）に出た。敵影を探索して奥へ奥へと進んでいるうちに、あまりなる平原に錯覚を起こしてしまって、方角標的も悉く（ことごと）迷って、ただ前へ前へと進んでいた。丘を一つ越すと一筋の広い道路に出た。さてどっちへ行っていいか困りきって路傍に立っていると、向こうから一人の白髯（しらひげ）の老翁がやって来た。そして兵士を見かけて声をかけ、「お前は道に迷ったのではないか。私と一緒に御出（おい）でなさい。日本の軍隊の方へ御案内しよう。この丘陵の向こうには敵の大軍がいるから甚だ危険である」と言って、先に立って歩き出した。兵士もほとんど無意識にその老翁について歩いて、およそ一里程も来たかと思う時に、向こうに日本の軍旗が翻っているのが見えた。すると老翁は兵士を振り返って、「あすこにいるのは日本の軍隊である。もう大丈夫だからこれを真っ直ぐに行くといい」と言う。兵士は感謝しつつ、心に思うよう、この人は日本から渡って来ている老翁であろう、後日礼状でも出そうと思って、「貴翁はどこの何人（なんぴと）であるか教えてください」と言うと、「俺は日本の岩手県花巻町の鼬幣稲荷である。儂（わし）がここに来ているという証拠には、境内の杉の樹（き）を一本根こそぎ折り倒しておいた」と言うたかと思うと、そのまま踵（きびす）を返したが、たちまち見えなくなってしまった。

要するに、この老人の話で敵情が分かり、また兵士が助けられたので、花巻町役場へ礼状旁々（かたがた）照会が来た。「一、貴町内に鼬幣稲荷神社というのが有之哉（これありや）、又其（その）境内の杉の樹が挫折倒伏して居候哉（おりそうろうや）」というのであった。私（佐々木）が参拝して見ましたのに、四五尺周の杉の樹が幹部一丈ぐらいの個所から折れて地上に倒れ伏しておりました。

この鼬幣稲荷に就いてはこんな話もあります。ある日青森県八戸（はちのへ）市から一行の人たちが遠路参詣に来まして、神社の社務所に来ての話であったそうです。話の大要は……私の忰（せがれ）がこの度満洲に出征していますが、先日手紙が来まして、息子がある日斥候に出て路に迷い、途方に暮れていますと、一人の娘が通りかかりまして、「この先に行ったら大変です。敵軍が一杯居（お）ります。私についていらっしゃい」と言って兵士を誘いますから、ついて行くとやがて日本軍の陣地に到着しました。娘は陣の前方で、「私はここから帰ります」と言う。住所姓名等を訊（き）くと、「私は岩手県花巻町の鼬幣稲荷である云々」と言った……ですからこうして参詣にまいりました云々。

またある日、この度の満洲の戦地において全く所属の分からない兵士があって、いつも前戦に立って異常な手柄をする。幹部では驚いて、「君は何聯隊の兵士か。どうしてこの隊にまぎれ込んでいる」と言うと、「私は兵士ではない。日本の岩手県花巻町の鼬幣稲荷である。他の神々と共にここに来て働いている。俺がここに来たという証拠には境内の杉の樹を折り倒しておいて来た」と言った。そこで満洲の軍陣から町役場に、「貴町に鼬幣稲荷という神社があって、境内の杉の樹が折れ倒れているや否や……」と照会があった(宮沢某氏の談)。

光り物と神の言立

この花巻町から上り一つ目の停車場のある黒沢尻町で聞いた話。岩手県和賀郡の諸所の町村に起こった話ですが、この説話は某談話者が直接に体験した所謂事実談であります。こういう所にこの話の真価があると思います。

和賀郡岩崎村山口という部落にある仙人神(仙人さん)の御神立なされる時には、役場からも告げがあって、大勢の人およそ百人ばかりが集まっていた。神主が祝詞を奏上しておりましたが、祝詞中に神床が俄に明るくなって、帳の中からおよそ味噌玉ほどの光り物が飛び出して、ふわりふわりと社殿から外へ出て、境内の神木(欅?)の中央あたりの梢に行って止まりました。そしてその光り物の個所から人語が出まして、その声が非常な改まった切口上な言葉でありまして、氏子のこの頃の不信心なること、ほとんどこの神社に参詣もせぬこと、偶（たま）に参詣する者があれば野良帰りか何か用足しの伝手（ついで）にちょいと立ち寄って、手をも洗わず口も滌（すす）がずに本当の真似事（まねごと）に拝んで行く、そんなことでは今後来るこの日本全体の災難にどう処して行くつもりか、とにかく儂はこれから満洲へ出征して御国のために働いて来る云々を、およそ十分ばかり厳かに言い立てられた。そこに集まっていた村人はほとんど聞いたが、しかし中には全然聞き得なかった者もあったという。

この光り物はその言立が終わると、またふわりふわりと飛び出し、果ては一直線に和賀川の方へ空中を飛んで行きました。それから矢のように南方をさして飛び行きましたが、終（つい）にはだんだん遠ざかって明星ぐらいの大きさになったと思うと、それが夕焼けのように天一杯に明かりを広げて消えてしまいました。

水沼様の御神立

和賀郡黒沢尻町本町、高橋某氏の氏神に、水沼様（諏訪（すわ）神社の分霊）の御神立なされる時の状態でありますが、この家に七歳六歳の姉妹の子がありました。妹の六歳の子が夜十時頃になると泣き出して、夜半の三時頃まで泣き通すことが三夜ほど続きました。病気かと思って医者に診(み)てもらったが、どの医者も病気ではないと言う。そこで同町の花屋町の川村という四十ぐらいの市子に神下ろしをしてもらうと、水沼様が現れて、「俺も神立するに依って、その知らせに子供に夜泣きをさせた。三月某日の午後七時に立つ。立つ時にはシルマシをして立つから、よく聞いておけ」との御告げであった。

その日の時刻には馬二頭を仕立てて、町内の人々が神楽をして送り立てた。ちょうどその時刻にこの家の老母、また老人らは中学校の方に当たって、盛んに大砲や機関銃の音や、人の叫び声などを聞いた。また町の人たちもそれを聞いたが、兵隊の演習かと思っていた。それが神を和賀川のほとりまで送るうち聞こえていたというていました。

不思議な鳥

同町本町、大鷹という家の氏神は、稲荷神である。二月の某日この家の息子がふと見ると、その社の傍らの樹にサクラコ（椋鳥(むくどり)）に似た鳥が頻りとキイキイと啼(な)いて遊んでいます。息子が早速空気銃を持ち出して射(う)つと一発は当たらず、二発目に羽に当たり、三発目は胸に当たったが、いっこう平気でいっこう飛ばなかった。

その後毎夜家が鳴り出して、梁(はり)でも折れるような物音がする。それも三夜ばかり続いたので、不審に思って、巫女に行って神様に口立てをしていただくと、「儂は満洲に立つので、先だってから不思議な鳥になって現れたり、夜中に家を鳴らしたりしたのを知らぬか。隣家の大鷹神と一緒に立つから準備をしてくれ」とのことであった（二月初旬頃）。

水に浮かぶ子供

同町新町、郡司某の孫（七八歳の男子）が邸（やしき）の傍らにある広瀬川という流水の橋の上で遊んでいた。橋の長さ一間半ばかりであった。ところがこの子を誰か目に見えぬものが抱えて、川の中にそうッと落とした。そして十尺ばかり上半身を水中に浮かばせたままで押し流したが、水に沈むことはなかった。そしてそのままひとりでに岸に上がった。

この子供は小学校の一年生であるが、その時の感じは真実（ほんとう）に何人かに抱かれたまま水中を持ち歩かれているような気持ちであった。神の言立を聞くと、氏神の神立のシルマシであった。

出発時刻の示現

同町本町、阿部某家の氏神、稲荷神であるが、この家では方々町中の神様たちが戦地へ御立になるそうだが、俺家の氏神様は御立になるかどうかと話したことがあったが、別段意にも止めずにいた。ところが同町新石町の某女が一夜白髪（しらが）白鬚（しろひげ）の高尚な老翁が出て、

「儂は阿部の家の氏神であるが、近日中に戦地へ神立したいから、堂守の阿部へ知らせてくれ」と言うたと思って夢に見た。早速当の阿部家へ行って知らせたけれども、同家では、「我家の氏神様が赤の他人の某女の夢に立つことも可笑(おか)しい」とて、あまり意に介せずに経過した。

二三日経ったある夜の十時頃、裏二階座敷で梁でも折れたかと思われるような恐ろしい音がした。その次夜の同時刻にも同様な音がした。巫女に訊くと、氏神が口立てをして、「俺はあらゆる知らせをしたが、家の人たちがいっこう気がつかなかったためあんな音をさせた。何月何日に神立をするから、その日には馬三頭に、弓二張、鎗(やり)二本、刀二本、供物は五升餅二重の御供えを作り、大勢で送れ。出発は午後二時である」と言うのでありました。

指示された日には町内集まって、十二時を打つと神主が祝詞を奏上し始め、一時頃に諸準備が済んだので、行列が神社から繰り出しましたが、一町ばかり行くと、三頭の馬がどうしたのか少しも前に進まず、後退りをして仕様がありませんでした。これはどうしたことだろうなどと大狼狽(おおあわて)をしているうちに、二時になりました。すると馬どもが鳴輪をしゃんしゃん振り鳴らして歩き始め、首尾よく和賀川のほとりまで送り立てをしました。

片幣の紛失

同町のある家、氏神は神明様でありましたが、神棚に上げておいた御幣束のシデの片側がちぎれてどこへ行ったか見えなくなりました。不思議なこともあるもんだ、何か家に災難でも無ければよいがと気にかけていると、ある夜この家の主婦が夢を見ました。それは枕元に白髪自鬚の老翁が現れて、「俺は氏神である。神棚の幣束の片シデを取っておいたのに気がつかぬか。何日何時に神立するから仕度をしてくれ」と言うのでありました。

金神様と雷神様

和賀郡北鬼柳町の某家の十三歳になる娘が急に神がかりになって、「俺は立つ、俺は立つ」と騒ぎ立って仕様がありませんでした。この家の氏神は金神様と八幡様でありましたが、巫女に聞くと、「なにその金神様なら、疾(と)うに戦地へ御立になられていない」と言うことでした。驚いて隣村かの江釣子(えづりこ)村の崖(がけ)という巫女に行って聞きますと、「否(いや)立っていない。八幡殿と一緒に明朝四時に立つから、仕度をしてくれ」と言うことで、準備をして神送りをしました。すると直ちに娘の病気は直ったということであります。

また同所の村社雷神の立つ時には、神社の附近のみ雷鳴がして神立雨が降りましたが、四五町離れた所ではもう雨も神鳴もしなかったといいます。

シルマシの種々相

以上は単に岩手県下の、花巻、黒沢尻の両町における、御神立の様子のその一部の概説であります。この外にも他の郡あるいは町村の各神社、多くの氏神等皆悉く各々奇瑞を兆わして、数ヶ月のうちに毎日毎夜の行事があったので、それに附従した話もそれだけ多くあったのであります。胆沢郡の鎮守府八幡宮などには、何か国家的な事変のある時には、境内の銀杏の樹が、事変の起こるべき方向の枝の葉が青葉のままで、一夜中に悉く散ったとか、又同郡水沢町に鎮座する駒形神社には、黒沢尻の青年連中が朝早く参拝に行くと、神社の屋根の上のような見当の天空で、実に妙音微妙なる音楽の音がしているのを聞いたとか（これは五六人連れが皆一様に）、御神立シルマシのために神社の境内に異鳥が来て囀ったり、石灯籠が倒れたり、火の玉が飛び出したり、火が燃えたり、樹木が折れたり等その数々の奇瑞があったのであります。

神様と仏様

これは前の花巻町と、黒沢尻町との神送りの場所のことでありますが、花巻の方では、町から十町ばかり離れた国道筋の十二町目という所、黒沢尻の方では町から五六町離れた和賀川の岸の河原で、両所共に、その神送りの御幣束やら藁人形やら、その他の送り物が所狭いまで散在しておりますが、夜々そこから引っ切りなしに、後から後からと天空の方へ向かって光り物がすらすらと飛び出しているそうです。それはちょうど稲妻のように非常に速やかなるものもあり、また流星ほどの緩慢さのものもあり、様々であるといいます。土地の人々は神様の存在とそのいやちこなることに今更のように感服している様子であります。ここに不思議なことには、仏閣仏堂の御仏様たちは戦地へ所謂御神立せぬことで、偶ま仏名の堂宇社祠の御神立があっても、それは何等か日本の国土に因縁発生したもので、純然たる外国到来の仏様にはかつて無いようであります。

三　神話伝説と民俗学

こうして多くの神々が戦地へ神立なされて、しからば戦地に行かれてから、どんなことをなされたか、またなされつつあられるか、それは戦地においての軍人のみ感ずる多くの奇瑞に徴して分かると言われております。例えば日露戦争の場合などには、敵軍の報告によると、どうも日本軍の前には、いくら射っても射っても倒れない無数の兵隊が居て、それらが邪魔になってどうもよく標準がつかなかったとか（俗間に伝われる説、何か向こうの戦記や報告にこんな記事があるかも知れません）。

また戦場の兵士個々の精神のうちにも、どんなに鎮守や氏神等の神々が強く働きかけていたかということは、多くの兵士の体験談で、それは我々のよく聞くところであります。その話をも書くといいのですが、ここにはそれははぶきます。

この話を、今日日本の一地方に発生し現に起こりつつある現在の新しきこの問題から、日本が外国と干戈を交えた時に、日本の神々がどんなふうにして、所謂神立をされ、この祖国を助救しようとされたか、また我々が、我々の先祖の人たちが、そのように神々がこの日本を助け守護してくださされるものだという思想の歴史を考えてみるのも、愉快な事柄であるに違いがありませんが、それをもここではぶきました。

しかしただ今のこんな話も、あるいは後日になると一つの立派な伝説になって、人の口に膾炙されることになるかも知れません。極めて幼稚な説明ではありますが、もし一般の人々が、口碑伝説というものが、古い昔の、神代からの、あるいは中世の、そして実は全く証拠物件のない、あとかたもない空想の産物で、全く取るに足らぬもの、痴人の夢のようなものであると、そういう考え方をしている人もあるかも知れませんが、決してそうではない。そんな我々とかけ離れた古代人の空想ではなく、現に我々の間に、かくのごとく生き、そしてかくのごとく成長しつつある実に著しい社会の現象であります。

人間が生存するかぎり、この伝説なるものも常に新しく生き、発生しそして成長しつつあるものだということを私は言いたかった。それには多くの好例もあるのですが、この神立の話とは多少問題も違い、またそれを言っている日には長くなりますから、その例をもはぶきましょう。

ただ私の思うには、上のごとき問題を考うる民俗学というものは、かくのごとく現在我々の生活に直接密接なる関係を有する目前の資料を研究し考察して、我々の生活に一縷でも幸福なる光（御神立のような）を考え得るものでなければならぬと考えているので御座います。

［解説］

越境する佐々木喜善

石井正己

民俗学を越える可能性

本書に収録した佐々木喜善の文章十九編は、大正八年（一九一九）から昭和八年（一九三三）に発行されています。今では閲覧が困難な雑誌を中心にして、これまでほとんど話題にされることのなかった文章を意図的に選択してみました。「偽汽車の話」だけは『東奥異聞』に拠りましたが、これも初出雑誌があったと思われます。

佐々木喜善（1886〜1933）
遠野市立博物館編『日本のグリム 佐々木喜善』より

よく知られるように、柳田国男は民俗学の運動を進めるにあたって雑誌を重視し、『郷土研究』『民族』の編集にも深く関わりました。

佐々木も柳田から求められれば、それにふさわしい資料を提供しています。そうした報告の多くは、佐々木の没後、昭和十年（一九三五）に発刊された『遠野物語　増補版』の「遠野物語拾遺」に収録されています。

しかし、ここに収録した文章は、そうした民俗学の主流を行く雑誌に載ったものは一編もありません。商業的な雑誌への掲載にあたっては、水野葉舟や松本信広、本山桂川など、佐々木の研究生活を支えようとした人々が介在しています。彼らは佐々木の持っている話を引き出すために、思うままに書くことを勧めたようです。その結果、これらの文章には伸び伸びとした生の声がよく残っています。

一方、昭和十年には民間伝承の会が発足し、『民間伝承』という機関誌が発行されるようになると、柳田を中心とした民俗学が確立します。そのようにしてアカデミズムに向かうことが最優先されると、佐々木は民俗学の先駆者として評価されても、次第に忘れられてゆきます。それに伴って、佐々木が柳田に反発するかのように書き残した文章は異端視され、切り捨てられてしまったのです。

そもそも佐々木には、東北地方に息づいてきた野生の思考が近代文明と出会うところに深い関心があったと思われます。飽きることなく話を集めつづけたのも、そこから起源へ遡行するのではなく、未来に向かって生成する現在に関心があったからにちがいありません。そこには、『遠野物語』の話し手でもなければ、民俗学の先駆者でもなく、柳田が提唱した民俗学を越えてゆく研究者としての先見性さえ見られます。

中学生の読み物「遠野奇談」

本書に収録したうち、十二編は『中学生』という雑誌に掲載された文章です。その多くが「遠野奇談」に類する命名を伴うことからすれば、連載を意識していたと考えられます。柳田が書いた『遠野物語』に対して、話し手自身である佐々木は「遠野奇談」を書こうとしたのでしょう。本書を『遠野奇談』と命名した根拠も、この点にあります。

『遠野物語』の序文には、「此話（この）はすべて遠野の人佐々木鏡石君より聞きたり」と見えます。「鏡石」は佐々木の筆名の一つです。この記述によって、『遠野物語』は、すべてが佐々木からの聞き書きからなることは明白です。そして、佐々木を有名にしたのも、『遠野物語』という名著の話し手としてだったのです。

しかし、二十二話では「佐々木氏の曾祖母年寄りて死去せし時」、三十九話では「佐々木君幼き頃、祖父と二人にて山より帰りしに」などとされています。個々の話において、佐々木は一介の登場人物に過ぎなかったのです。序文では話し手として待遇されていても、そうした主体性はすっかり剝奪されています。『遠野物語』における佐々木は、柳田という書き手の圧倒的な支配下にあったことはまちがいありません。

佐々木は、中学生を読者とした読み物の中で、「私」という書き手となって『遠野物語』を書き改めてみたいと考えたのでしょう。残された往復書簡を見ると、『遠野物語』を佐々木自身の筆で書き改めるということは、ある時期まで柳田の意志でもありました。しかし、『遠野物語』の再版はそうした方向では実現しませんでした。そうした断念が、佐々木にこうした文章を書かせたのかもしれません。

『遠野物語』と共通の話は数多く見られます。例えば、「奥山の天狗ばやし」であれば、「天狗ナメシの恐怖」は拾遺百六十四話、「幸助と岩の上の大男」は二十九話、「菊蔵と一人の大男」は九十三話、「天狗が棲(す)む岩窟(いわや)」は六十五話、「天狗森」は九十話と同じ話でしょう。「芳太郎爺と僧形(そうぎょう)の者」は六十二話と似ていますが、それは佐々木嘉兵衛の話です。二人は同一人物かもしれません。しかし、「祖父が出会った天狗」はここでしか知られないものです。

「遠野郷の狼物語」として連載した三編の場合、「無数の狼群」は四十一話、「狼の巣から子狼を捕る」「与市と雌狼の決闘」は四十二話と同じような話です。しかし、四十二話は鉄という男の話ですが、こちらは馬之助と与市という親子の話になっていて、たいへん饒舌です。「萱刈(かやか)りの兄弟」は拾遺二百十三話、「紅血(あけ)に染まった鹿の骸(むくろ)」は三十九話と対応するような話ですが、他は『遠野物語』には見られません。

むしろ、『遠野物語』が触れなかったのは、「悲惨極まる餓死村の話」のような内容でしょう。遠野では凶作ゆえに飢饉となり、多くの餓死者が出ましたが、『遠野物語』には見えません。しかし、「奥州における天保年間（一八三〇～一八四四）の飢饉の時の惨状を、時折村の老人どもが話すのを聞くことがある」というのです。五十三話は郭公と時鳥の話ですが、「庖丁にて姉を殺せしに」という場面は、「他人（ひと）の腹を裂いて」にあるような現実に支えられていたことがわかります。

猟師から集配夫・見世物へ

「遠野郷の鹿狩り夜話」「熊狩りの猛猟師と語る」「雉子寄せの名人」は、どれも山に入って生業を立てる猟師の自慢話を書きとめています。佐々木の生きた時期には、狩猟生活がまだ生きていた様子が伝わります。そこには、「遠野郷の狼物語」と並んで、縄文時代以来の狩猟民の精神がよく表れています。

むしろ、注意されるのは、「消印余録」のような一文を残したことでしょう。『逓友』という雑誌にちなんで、郵便に関する文章を求められて書いたものと思われます。そうした背景があるにしても、ここには、「四十余年も村々の集配夫をしていた源次郎という老人から聞いた、種々な話」を書きとめています。郵便という近代文明を担う集配夫の話を書くというような事例は、他に知りません。

佐々木の聞き書きの態度が柔軟であったことがよくわかりますが、そこには人間と動物の深い関係が語られます。「猿が出て困った話」は四十八話にも見えますが、遥かに具体的です。それどころか、「猿の報恩」はそれこそ昔話が現実にあるような話になっています。「蛇と猫」は実話ですが、それはもう動物昔話に近いと言ってもいいでしょう。昔話と現実の距離が実に近かったことを考えてみるべきかもしれません。

「集配人一家の悲劇」は、為替を盗んだという疑いを掛けられた集配人が発狂して、家族五人を殺害した後、座敷牢に入れられるが、焼死したという話です。十一話には、発狂した息子が母親を殺害する話が見られましたが、佐々木の念頭にあったのは、柳田が大正十五年(一九二六)に出した『山の人生』の「一　山に埋もれたる人生ある事」でしょう。同じような悲劇は、「小さな町」でも起こったという指摘だったのです。

佐々木の視線は猥雑な都市文化にも向かい、「見世物追憶」を発表しています。「河童」は、五十六話に、河童らしき物の子を道ちがえに棄てに行き、「売りて見せ物にせば金になるべきに」と思い直したという思考を支えているはずです。そして、何よりも興味深いのは、「山男になった村の男」があることでしょう。『遠野物語』には「山男」の話が数多く含まれていますが、一方で、村の男が北海道で「山男の見世物」を演じていたのです。佐々木はこうした現実があることをよく認識していたはずです。

未来志向の民俗学

「家屋の怪物」は、大正九年（一九二〇）の『奥州のザシキワラシの話』からの発展ですが、そこには露西亜、支那、朝鮮、アイヌの類例と並べてみる比較民俗学への可能性が暗示されています。柳田との往復書簡でも話題になっていたことですが、柳田は国際的な比較に進むことを抑制しましたから、こうした文章を発表すること自体、すでに逸脱をはらんでいたと言っていいでしょう。

そうしたこと以上に興味深いのは、「偽汽車の話」です。これも汽車という近代文明が狐狸に化かされる話と接して生まれたもので、佐々木の関心のあり方をよく示しています。こうした「新しい興味ある口碑」が広がってゆくさまを観察する視線は、生まれつつあるものへの飽くなき関心があるからです。佐々木が飽きることなく話を集めつづけることができたのは、学問への貢献という以上に、彼の原初的な思考が深く関わっていると見るべきでしょう。

「足を洗う話」も、そうした習慣が生きていることをとらえた文章ですが、それが最も鮮明に示されているのは、亡くなる直前に発表された「御神立の話」でしょう。満洲事変に際して、村や家の神々が日本軍を守護するために御神立するというのです。そうした実例が花巻と黒沢尻で次々と発生したことが列挙されていますが、これなどまさに現在進行形の話を対象にしています。

佐々木の関心が、「我々とかけ離れた古代人の空想ではなく、現に我々の間に、かくのごとく生き、そしてかくのごとく成長しつつある実に著しい社会の現象」にあったことは、まずまちがいありません。こうした現象を「神話」とまで呼んでいます。それは「神話」の拡大解釈だと批判することもできますが、そう呼ぶのが最もふさわしいと考えたはずです。民俗学は未来を明らかにするためにあるというのは、今考えてみても、極めて斬新で有効な提言だったのではないかと思われます。

山々の追懐……初出「山々の追懐（岩手の伝説）」、『遁友』第一四〇号、昭和八年六月発行。『佐々木喜善全集(Ⅲ)』所収。

仙人峠の不思議……『中学生』年号不明、大正一〇年一〇月発行。『佐々木喜善全集(Ⅱ)』所収。

奥山の天狗ばやし……初出「遠野奇談奥山の天狗ばやし」、『中学生』年号不明、大正一一年一一月発行。『佐々木喜善全集(Ⅱ)』所収。

幽谷の大桐林……初出「陸中遠野奇譚幽谷の大桐林」、『中学生』年号不明、大正一二年一一月発行。『佐々木喜善全集(Ⅱ)』所収。

遠野郷の狼物語　その一……初出「遠野郷の狼物語」、『中学生』第六年第一号、大正一〇年一月発行。『佐々木喜善全集(Ⅱ)』所収。

遠野郷の狼物語　その二……初出「遠野郷の狼物語（2）」、『中学生』年号不明、大正一〇年二月発行。『佐々木喜善全集(Ⅱ)』所収。

遠野郷の狼物語　その三……初出「遠野郷の狼物がたり」、『中学生』年号不明、大正一一年三月発行。『佐々木喜善全集(Ⅱ)』所収。

遠野郷の鹿狩り夜話……初出「遠野郷の鹿狩夜話」、『中学生』年号不明、大正一一年一月発行。『佐々木喜善全集(Ⅱ)』所収。

熊狩りの猛猟師と語る……初出「遠野奇譚熊狩の猛猟師と語る」、『中学生』年号不明、大正一二年二月発行。『佐々木喜善全集(Ⅱ)』所収。

雉子寄せの名人……初出「遠野郷話雉子寄せの名人」、『中学生』年号不明、大正一二年六月発行。『佐々木喜善全集(Ⅱ)』所収。

猿ヶ石川の河童物語……初出「遠野奇話猿ヶ石川の河童物語」、『中学生』年号不明、大正一一年五月発行。『佐々木喜善全集(Ⅱ)』所収。

消印余録……『遁友』第一二八号〜第一三〇号、第一三三号、第一三四号、第一四〇号、昭和七年六月〜八月、一一月〜一二月、昭和八年六月発行。筆名は小野万草。第六回から第九回は省略した。『佐々木喜善全集(Ⅲ)』

所収。

見世物追憶……『風俗資料』第三冊、昭和五年六月発行。『佐々木喜善全集(Ⅱ)』所収。

悲惨極まる餓死村の話……『中学生』第四年第一二号、大正八年一二月発行。

家に棲むお化けの話……初出「遠野奇談家に棲むお化の話」、『中学生』年号不明、大正一三年九月発行。『佐々木喜善全集(Ⅱ)』所収。

家屋の怪物……『日本勧業銀行月報』第一八七号〜第一八八号、大正九年九月〜一〇月発行。『佐々木喜善全集(Ⅱ)』所収。

偽汽車の話……『東奥異聞』坂本書店出版部、大正一五年三月発行。『佐々木喜善全集(Ⅰ)』所収。

足を洗う話……『風俗資料』第一冊、昭和五年四月発行。『佐々木喜善全集(Ⅱ)』所収。

御神立の話……『三田評論』第四二八号、昭和八年四月発行。『佐々木喜善全集(Ⅱ)』所収。

◉著者
佐々木喜善（ささき・きぜん）
一八八六〜一九三三年。岩手県西南閉伊郡栃内村（現・遠野市土淵町）に生まれる。上京して哲学館、早稲田大学に学び、文学に志す。柳田国男に語った遠野の伝説が『遠野物語』になった。その後、病気で郷里に帰り、民俗の研究を続けた。著書に『奥州のザシキワラシの話』『江刺郡昔話』『紫波郡昔話』『東奥異聞』『老媼夜譚』『聴耳草紙』『農民俚譚』などがある。

◉編者
石井正己（いしい・まさみ）
一九五八年、東京生まれ。東京学芸大学教授。日本文学・日本文化専攻。著書に『図説 遠野物語の世界』『図説 百人一首』『図説 源氏物語』『図説 日本の昔話』『いま、柳田国男を読む』『遠野物語の誕生』『文豪たちの関東大震災体験記』『昔話の読み方伝え方を考える』『菅江真澄と内田武志』などがある。

遠野奇談

二〇〇九年九月三〇日 初版発行
二〇二〇年二月一八日 新装版初版印刷
二〇二〇年二月二八日 新装版初版発行

◉著者——**佐々木喜善**
◉編者——**石井正己**
◉装画——**大野隆司**
◉装幀——**天野誠**（MAGIC BEANS）
◉発行者——**小野寺優**
◉発行所——**株式会社河出書房新社**
〒一五一-〇〇五一 東京都渋谷区千駄ヶ谷二-三二-二
電話＝〇三-三四〇四-一二〇一（営業）
〇三-三四〇四-八六一一（編集）
http://www.kawade.co.jp/

◉組版——**KAWADE DTP WORKS**
◉印刷——**モリモト印刷株式会社**
◉製本——**小泉製本株式会社**

Printed in Japan ISBN978-4-309-22802-0

図説 遠野物語の世界

石井正己［著］

ザシキワラシ、山男、河童、オシラサマ……遠野の地に伝えられ、柳田国男が記録に留めた様々な話を豊富な写真や資料を通して追体験。聞き書きから『遠野物語』出版までの過程も徹底分析。

ふくろうの本　ISBN978-4-309-76266-1

河出書房新社

口語訳 遠野物語

柳田国男［著］

佐藤誠輔［訳］／小田富英［注］

発刊百年余を経過し、いまなお語り継がれ読み続けられている不朽の名作『遠野物語』。柳田国男が言い伝えを採集し簡潔な文語でまとめた原文を、わかりやすく味わい深い現代口語文に。

河出文庫　ISBN978-4-309-41305-1